JN097718

くまゆうこ　　小野田正利　　鬼澤秀昌

学校
あるある
トラブル
18

保護者の
お悩み
解決
します！

TOYOKAN BOOKS

小学校にいる人・小学校関係の人 一覧

学 校　　中学校　　幼稚園
　　　　　　　　　保育所

校長

学校の責任者。管理職。基本的に、校内の全ての決定権をもっている。

教頭・副校長

学校のナンバー2。校長を補佐する。

養護教諭

いわゆる「保健室の先生」。在校生の健康管理を務める。けがの応急処置などができる専門職。

栄養教諭

給食管理と食育を担う専門職。給食センター方式の場合はセンターに常駐。

学校司書

学校図書館を管理する職。資格は現在不問だが、「司書」の資格を持つ場合も多い。

事務職員

財務や文書管理などをつかさどる。地方公務員試験を経て採用される。

用務員

環境整備などにあたる。採用形態はさまざまで、配置は義務ではない。

学級担任

教科指導や学級活動などを行う。生徒指導など日常的な指導も行う場合が多い。

子どもたち

教育、医療、生活への支援などを受けることが保障されている。

Teacher × Parent

PTA

教育の支援を目的に保護者と教職員で構成する任意団体。近年は名称変更や、組織を作らないケースもある。

保護者

子どもと共に、自らの人生を歩く。

児童委員

担当地域の子育て支援活動や児童健全育成活動を行う。相談相手と行政をつなぐ。

スクールカウンセラー

心のケアやストレスチェックを行う。

特別支援学校

特別支援学校教員

障害のある子どもたちの、障害による学習上又は生活上の困難を克服し、自立を図るために必要な知識技能を授ける。免許状も別に取得している。

教育委員会

教育行政の管理をする総務、教諭の指導技術の向上を支える指導部、人事部、生涯学習、文化財保護などの部署がある。
いじめや不登校の対策の専門の部署があることが多い。教育委員会は、首長と議会によって選定された教育委員の会のことで、実際に庁舎にいるのは「教育委員会事務局」の名称となる。

子ども家庭支援センター ＼ 児童相談所

児童福祉司

児童福祉司などの専門員が常駐。前者は子どもと家庭に関する総合相談窓口として開所している自治体が多い。後者は児童相談の第一義的な窓口として、専門性の高い困難事例の対応窓口で、知的発達の遅れなどの相談や、問題行動の相談ができる。虐待からの保護も担う。

警察署

少年課

少年犯罪の取り締まりや非行少年の更生を行う。

交通課

通学路など地域の交通事故防止に努める。

交番

主に地域課の管轄で、地域の治安維持に当たっている。

POLICE

学校医・学校歯科医学校薬剤師

健康診断や健康相談、学校環境衛生の指導と助言などにあたる。

スクールソーシャルワーカー

子どもを取り巻く環境に注目し、問題の解決を図る。

スクールロイヤー

いじめの防止対策や、学校内のトラブルへの法的な助言を行う弁護士。2020年度現在は法制化が進んでいるが、一部自治体が先行して設置している。

 常駐ではないが、子どもたちと先生をサポートする

 作成 いまいかよ

はじめに

「学校の対応が気になるけれど、これを学校に言うと私は『モンペ』かな？」

本書の回答者の一人、株式会社マモルの代表取締役で2児を育てているくまゆうこさんが、友人や業務で出会う保護者の方々と話していてよく聞く中で生まれた、「学校と家庭の距離が、思ったより遠くて困っている人が多い」という問題意識が、本書作成のスタートでした。くまさんはインターネットを駆使したいじめ問題の防止対策事業に取り組んでいます。自身も2児の親であることから、公私問わずさまざまな相談が寄せられるそうです。

「学校と保護者が歩み寄って解決していく方法はないだろうか」

　小学校の先生方の立場からすると、国の教育の指針である「学習指導要領」には、「社会に開かれた教育課程」と示されています。社会人としての在り方が多様化する令和の時代において、家庭や企業との連携が、子どもたちの力を育むことに欠かせないものとして掲げられています。悲しくも、令和2年は新型コロナウイルス感染症の猛威によって、学校に行けない事態が発生したことで、今一度家庭との連携の大切さが再認識されています。

　そこで、それらのお悩みの中でも「あるある」というものについて調べるため、保護者の方々向けのメディア「BRAVA」さまに、小学校の保護者としてのお悩みを募集していただいたところ、国内外の読者の皆様から2カ月で60の質問を寄せていただきました。

　本書ではこの中から「学校の決まりに子どもが困っている」「先生の指導方法に疑問がある」などの18の話題について、「学校はこういう仕組みなので、このように相談するいいでしょう」「先生の立場はこういうもので、別の機関に相談するのも考えてみては」と保護者の方に向けて提案させていただいています。学校の先生方にもご参考にして頂けるよう、保護者側の内

情などにも触れ、よりよい保護者対応に役立つものとなるよう意識しました。

　回答には、くまさんに加え、長年保護者と学校間のトラブルについて研究・提言している大阪大学名誉教授（教育学）の小野田正利氏、スクールロイヤーとして活動し、学校関係の法律に詳しい鬼澤秀昌弁護士をお招きしました。

　学校の先生も保護者も、「子どもが快く育つ教育環境」を望んでいることは間違いありません。自分勝手なイチャモンなどの悪質な例を除けば、保護者／先生のお悩みは、よりよい教育環境への貴重な意見であると考えます。

　本書では学校と保護者の両者の立場を整理したり、関係法令を紹介したりした上で、相談方法や相談先などについて提案しています。お三方の専門外に及ぶ場合は、役に立つ類書や相談先などについて記載いただいています。

　また、この前の頁には、「学校内外の関係者の一覧」を作成しましたので、合わせてご活用ください。

　本書を、すでにお悩みを抱えていらっしゃる方の「具体的な解決のヒント」に。そして、これから小学校に入学する方にとっての「心構え」に役立てていただければ幸いです。

令和３年３月吉日　東洋館出版社編集部

INDEX

保護者のお悩み解決本

お悩みQ＆A

入学準備・備品購入

担任の先生と子ども

子どもの友人関係・けが・登下校

PTA

子どもの発達支援

●本書の回答者の紹介

保 くまゆうこ

[株式会社マモル代表] 子どもや保護者が使ういじめの検知 WEB サービスの運営や、SNS いじめ、ネットリテラシーに関する講演を行う。IT 企業でコンテンツ企画やマーケティングを担当したのち、以前から問題意識のあった「いじめ」を少しでもなくしたいという思いから、2018 年に株式会社マモルを設立した。テクノロジーでいじめやハラスメントを早期発見し、少しでも悩む人が少なくなる社会を目指す。2 児を育てている。

学 小野田正利

[大阪大学名誉教授] 1955 年愛知県生まれ。専門は教育制度学・学校経営学。フランスの教育制度に関する「教育参加と民主制」の研究で日本教育経営学会賞（1997 年）を受賞。名古屋大学大学院教育学研究科単位取得退学。1984 年より長崎大学教育学部講師、助教授を経て、1997 年大阪大学へ。公教育制度改革に関する研究、学校と保護者の関係に関する研究をすすめている。日本の学校と教職員の "等身大の姿" を明らかにすることをライフワークとしている。著書に『親はモンスターじゃない！──イチャモンはつながるチャンスだ』（学事出版）など。

弁 **鬼澤秀昌**

弁護士 **おにざわ法律事務所代表** 第二東京弁護士会・子どもの権利委員会、日本弁護士連合会・子どもの権利委員会、学校事件・事故被害者弁護団などに所属。自治体のスクールロイヤーや学校法人の顧問、教員向けの研修講師等も務める。また 2020 年 1 月より文部科学省スクールロイヤー配置アドバイザーも務める。

保：保護者　　学：学者　　弁：弁護士

質問を募集したサイト

BRAVA（ブラーバ）

「それでもママは働く、未来と自分を信じて」をキャッチコピーに、子育てや働き方、夫婦関係までワーママをとりまく悩みや課題にフォーカス。リアルな体験談を中心に情報提供中。読み終えたあと「私だけじゃないんだ」「このままでいいんだ」とホッと笑顔になれる働くママのための共感型メディア。「BRAVA」とは、イタリア語で「Good!」や「Welldone」を表す意味。

保護者の
お悩み
Q&A

私ってモンペ！？
どのレベルなら学校に聞いていいの？

「モンスターペアレント」とはどこからのラインをいうのでしょうか？　例えば、お友達に怪我をさせられた、という場合は先生に相談をするのが一般的であると思いますが、「もしかしたら我が子が嫌がらせを受けているかも」

「お友達とトラブルになっているような気がする」などの確証がないことで、先生に「様子を見てほしい」と相談するのはモンスターペアレントと判断されやすいのでしょうか。

事実に基づく「要求」であれば、積極的に。ただ、伝え方や関わりを継続するうえで注意も。

保 くま 「こうこうこういうことがあったのですが、怒る私がおかしいですか？」「どこまで言っていい？」「どういう風に相談したらいい？」ということは、保護者の方からお聞きします。わが子の将来にも関わる教育環境についてですから、悩んでしかるべきです。

　子どもがある意味被害者になっている場合は、しっかり話を聞いて、一緒に対応を考えます。

　でも事案とは別の感情のレベルで、「モンスターペアレント」と思われるのではないか、そこから「わが子が後ろ指さされるようなら逆効果じゃない

だろうか」「そもそも過剰な要求なんじゃないか」と気にして、具体的に行動に踏み出せない気持ちも分かるのです。

　また、普段はそんなに気にしてないけど、コロナのときに、他校に比べてオンライン授業が整ってないことへの不満で、「学校も急変した中での対応だとは思うので、もっと ICT を適切に使ってほしい」ということを、モンスターペアレントじゃないか、と初めて考える人もいました。

　小野田先生は『親はモンスターじゃない！　―イチャモンはつながるチャンスだ』という著書を書いていらっしゃいますが、こうした悩みにはどうお考えですか？

☐ 自分の要求で、子どもの状況がよくなるか今一度考える。

学　**小野田**　まず、私は学校側にも講演させていただくのですが、教育関係者の方々にいつも言うことは、「親御さんがおっしゃることは、**①要望、②苦情、③無理難題要求**の３つに分かれる」ということです。

　その上で、親御さんが何かを言いにいらっしゃった場合は相手がどういう人かで対応を決めるのではなく、そのおっしゃっている中身を検討しようということです。

　①の**「要望」**は、親御さんからの訴えに正答性があり、先生も耳を傾けるべき意見です。

　②の**「苦情」**は、学校の守備範囲を超えていますが「しゃあないやるか」というレベルです。例えば、「お前のところの小学生がコンビニでたむろしてる」「マンションで遊んで迷惑だから注意しろ」というような形で、学校外のことなので本質的には対応の必要はないのですが、学校内に問題が波及することもありますから、「仕方ないけれども対応しておこう」というようなことでしょう。

　③の**「無理難題要求」**は、関西で言うとイチャモンです。この多くは当事者にとって何ともならない難しいケースのことです。例えば「うちの子どもに合わないから担任を変えろ」「記念写真の中央にしてくれ」「うちの子には

掃除当番をさせるな」などは、あまりにも身勝手なものでしょう。「担任の顔が怖いから変えてくれ」というのも本当にあります（笑）。

もちろん親からすれば、わが子の担任の性格や行動が気になることは当然にあります。先生が厳しすぎるのではないか、威圧的に子どもたちと接していると感じた場合には「申し訳ないですが、うちの子が怖いと言っているのでなるべく優しい声掛けなどしてもらえるでしょうか？」などのお願いから始めるべきでしょう。

まずは自分が言おうとしていることが①〜③のどのレベルなのか一度俯瞰して考え、次にどういう伝え方をしたらいいかを考えれば、モンスターペアレントではないかという心配をする必要はないと思います。設問にある保護者の不安から発した要求は、明らかに①の要望でしょう。

加えて学校の先生には、「先生方は学校の門は当たり前のように通りますが、保護者からしたらそこには、結構な高さの心理的な壁があるんです。保護者の方々はその壁をハイジャンプするような覚悟で先生に物申しにいらっしゃることが多いのです」とお伝えしています。

「保護者は、まず言うべきか、言わないでおくべきかで悩み、言おうと決意しても校門のところで逡巡し、『やはり言おう』と気合いを入れてきていることを想像したことはありますか？」と先生方には説いています。

そういう保護者さんに対し、頭ごなしに「モンスターペアレント」と決めつけて機械的に対応するのではなく、「子どものことを心配して言いにきている親御さん」というフラットな関係で接することが第一に大事なことです。10分間はまず黙って話を聞きませんか、と提案しています。

そして、対応中は、学校でのお子さんの様子は先生の方が詳しいですから、親御さんが話し始めた途中で話を遮ってしまうことが多いです。先生は自分は「よく人の話を聞くように」と子どもに言うのに（笑）。

「そうなんですね」と話を聞きながらメモを取り、ある程度落ち着いたところで、「こういうことでよろしいですか」と整理して、一つ一つ確認作業

をしていくことが大事だよ、と言っています。

　同時に、保護者をリスペクトしましょう、と思います。どんな親御さんでも、小学校１年生まで子どもを育て上げたことは立派なことです。言葉には出さなくていいのですが、この厳しい社会状況の中で、子どもを産み育ててきたことの中にはたくさんの苦労があるでしょう。「この先生は私をモンスターペアレントみたいに扱っていないんだ」と話し合いの中で保護者が感じられると、その後の誠実な話し合いのための信頼関係につながります。

くま　なるほど。わが子に危険がないように、という要望は分かりますが、ある程度摩擦がないと人間的に成熟しないことも踏まえて、考え直すことは大事だと感じます。私たち保護者も、先生たちが日々子どもと向き合うことへのリスペクトを忘れてはいけませんね。

□「モンスターペアレント」は日本固有の価値観？！

　そもそもですが、「モンスターペアレント」という言葉は、保護者の方々が自省するときとか、周りの声の大きい保護者を揶揄するときに聞きがちですが、本来はどういう意味なのでしょうか。

小野田　「モンスターペアレント」というのは、和製の英語で、世界ではこの言葉は通じません。日本特有の間違った形容なのです。この言葉にマスコミの注目が集まったのは 2007 年の夏、ある教育雑誌で「モンスターペアレント」という特集が取り上げられたことから始まりました。

　私は、「なんだそれ？」と思い、アメリカに留学していた知人の学者に問い合わせたのですが、「そんな用例はない」ということでした。しばらく調べてみると、アメリカでは児童虐待の文脈でスラング（俗語）として使われていました。児童虐待を受けた子どもからすると、親が「モンスター」や「鬼」のように見える、ということが言葉の発祥でした。これが日本では「教師や学校から見た無理難題を要求する親」という意味で間違って広がりました。

　1991 年にフォスター・クラインというアメリカの小児学者が、「ヘリコプ

ターペアレント」という表現を使いました。もともとアメリカ社会では「子どもがいかに早く自立するかが大事である」という価値観がある中で、子どもが心配でずーっとついているような親を、「子どもの近くをいつもホバリングしている」ということで「ヘリコプター」になぞらえたわけですね。何か問題が起きたり、わが子が損をしたりしないように、学校にクレームを言いに行くという状況がアメリカでも顕著になり始めました。子どもの自立を阻害することになるという警鐘の意味でヘリコプターペアレントが使われ、それは世界の共通言語になっています。日本的に言えば「過保護な親」ということですね。

　しかしモンペの方がインパクトがありましたから、この用語が急速に広がったことで、学校の中には正当な要求なのに「苦情、モンペだ」と判断してしまう先生が出てくるのですね。このレッテルを貼ると先生側は「やっかいな親だ」と身構え始めますから、鎧を着て親御さんと向き合う傾向が生まれます。

　そうではなくて、「親が言っている中身を考えるべきだ」と、先生方には言うようにしています。よく聞けば、「教育現場の改善」や、「子ども同士のトラブル回避につながる情報」をおっしゃっている場合もあるのです。

　ちなみに顔が怖いから担任を替えてくれという件ですが、逆に女子中学生を持つ親御さんから「担任がかっこよすぎるから替えて」という無理難題要求もあるんです（笑）。

くま　同じ話を聞いたことがあります。中学校での話ですが、先生がかっこよすぎて、それが話題になり、授業に集中できない子もいるなんて話になりましたが、校長先生は「顔がかっこいいからといって、面接で落とすわけにはいきません」、とおっしゃられていました（笑）。

　そしてなるほど、モンペとは日本独特の価値観だったのですね。でも、モ

ンスターペアレントの語源の話で、「子どもから見て親が、モンスターに見える」というのは忘れたくない視点ですね。子どもからすれば解決済みだったり、まだ大ごとにしてほしい状況じゃなかったりした場合、親が何かガンガン学校に言おうとしている姿は、きっとモンスターに見えると思います。**そういう子どもから見てどう見えているのか、という意識が必要**だな、と思いました。

　では、子どもなどからその事実を見聞きするなどして「何か言おう」と思ったとき、どういう姿勢でいるのがよいでしょうか。鬼澤弁護士はスクールロイヤーとして、「学校交渉」や「保護者間トラブル」の対応をされていますが、いかがでしょうか。

□ 学校に提案する３ステップ

弁　鬼澤　弁護士の立場で言いますと、おっしゃられているように「誰がどう言うか」というのはそこまで重要ではなく、内容が合理的か、ということをアドバイスなどでは大事にしています。感情の問題になりますから。

　学校側から具体的な保護者対応で相談を受ける際には、「結局親御さんはなんておっしゃっていらっしゃるのですか？」という整理をしています。その内容がもっともであれば、「なんで学校はそれを受け入れないのでしょうか？」と逆に尋ねています。

　また、保護者の見えている学校と、何十人何百人を管理している学校では、同じ事象でも見え方が違う場合が多いです。そこは、親御さんとしても意識する必要があります。相談に行く際のポイントとしては三つ。
①保護者の認識している事実を明確にする。
②それに対する要望を明確にする。
③学校に対して無理やりやらせるのでなく、提案の形にする。

　この形がそろっていれば、いきなり「モンスターペアレント」ですね、ということにはならないと思います。子どもにも先生にも事実を聞くことが第一です。そこから、改善してほしいことを整理してまとめ、「○○してください」と突きつけるのではなく、「○○できませんか？」と提案するのがよ

いでしょう。

　あまり合理的でない理由で拒否してきましたら、そのとき改めて保護者さんに「もう少し強く言ってみましょうか」「別の窓口にも相談してみましょうか」という流れを提案します。

　一方、自分が学校に関わる上で、「うーん、この場合親御さんが言いすぎだな」と思うケースは、学校運営上または法律上できないことが明らかな主張を続けられている場合ですね。ただし、保護者としては、まずは要望を明確にすることが大切です。

□ 学校は「頻度」の多い保護者に困ってしまう

小野田　学校として「困る保護者」はどういう人か、という視点でいいますと、要求の中身もありますが、「行動」も大きいと思います。一回の電話が3〜4時間。面談に来たら夜中まで、頻度も毎日とか。

　ほかに、いまは対学校で事実関係について話し合っていると思っていたら、教育委員会にも同時並行で同じように訴えているとか、議員やマスコミ、警察にも相談しているということですね。

　ありとあらゆる手段を使って、自分の要望を示していくという行動が出てくると、学校は疲弊していきます。仮に保護者の要望が正当で、対応を始めようとしていても、ひざを突き合わせて話し合いをするのではなく、あちこちに問題が拡散され、対応や回答を要求されるスピードが速いと、学校は一気に困惑して、教師が倒れてしまう。

　鬼澤先生のおっしゃるように何が主たる申し出なのかをはっきりとさせることが大事なのですね。やり取りする中で、気に食わないことや言いすぎてしまうこともあるかもしれませんが。

　明らかに学校が悪い、と感じているとしても、**毎日問いただすのではなく、時間を置いたり、一回相談の時間を切ったりするとよい**と思います。学校側も事実関係の調査には2、3日かかることがあります。ある程度の期間をお

いて、「この間の件どうでしたか」と尋ねるようにするとよいでしょう。

　また、時間の経過とともに子どもの気持ちも変わりますから、時間をみはからって子どもが何を考えているか、向き合うことがどんな場面でも大切です。多くの場合、子どもが置き去りになったり、「あんたもそう思うでしょ？」と自分の主張に従わせるように動かせたりしてしまうと、問題解決の方向性が違っていくことになってしまいます。

くま　保護者側からすると、調査に2〜3日かかるとしても、そのことを一言教えてほしいですね。「木曜にまた連絡します」のような感じです。状況が分からないのは不安になりますし、不安は怒りに変わることがあると思います。

小野田　また、学校の先生からすると、同じことを延々と言う人だ、となったとき、組織的に「距離を取らないと危ない」となる場合もあるのです。

　ごくまれですが、「誰に何と思われようともトコトンやる」という保護者がいらっしゃいます。学校に限らず、地域ともトラブルの種を抱えていたようです。そういう傾向がある場合には、なかなか対応が難しいですね。

　まずは自分の要求を整理する、そして相手の状況を慮りながらきいていくことを忘れないようにしてほしいと思います。

□ 学校と距離がある家族の意見も聞こう

くま　話は変わりますが、先生や周りの保護者にどう思われるか、だけでなく、夫婦、家族間で意見が対立するときもあると思います。夫婦のどちらかが、「この対応はおかしい」と思っても、一方が「それ過剰だよ」というケースもあります。

　最近は時代が変わってきていますが、まだ旦那さんは子供の成育のイメージや学校の状況を把握していないことが多いので、母親に対して「それは言いすぎだろう」となることが多いです。そして母親は父親に対して「それってあなたが無関心だから思うんでしょ」となります。

小野田　夫婦、家庭間で温度差がある場合が往々にしてあります。もちろん、

距離を置いて客観的に諭されることで冷静になれる面もあります。

　一方で家族関係の維持が目的になって「よし、俺も学校にガツンと言ってやる」と父親も一緒に来られると、学校側は事実関係の整理や応答が難しくなることも多くなります。

鬼澤　そうですね、人それぞれ感じ方が異なるのは当然なので、家族内などで異なる意見が聞こえてくる際にはマイナスに捉えず、いろんな人の意見を聞くことで、内容の合理性を検証しよう、と思うきっかけとして捉えるのがよいでしょう。個人的にはむしろ夫婦間でまずはよく話し合うべきだと思います。

くま　なるほど。夫婦のどっちかが過剰気味、家族の誰かが少し距離がある、くらいの方が、お互いが聞く耳をもっている場合は、冷静な判断につながるのでいいな、と思いました。確かに、どっちもがものすごい怒って学校と激しい対立になる、とかみんなで落ち込んで打開できず子どもが我慢する、というのは避けたいですしね。

鬼澤　そして一番はやはり、**子どもと話して「お母さん／お父さん、これ学校の先生に言っていいかなぁ」と聞く**ことですね。もちろん命に危険が、という場合はそういうことも言ってられませんので、内容次第ではありますが。

□ 普段から情報のやり取りをしておくことも大事

くま　最後に、「そもそも保護者の要求に学校は答える必要があるの？」というと、どうなんでしょうか。

鬼澤　原則論として考えると、公教育では、学習内容や組織の人員や機能などの基本的なことは法律などで決まっています。保護者のその場の要求で、学習指導要領や市内の学校全部の決まりがすぐに変わるわけではないです。

　先生も保護者の意見は聞くと思いますが、その意見が制度などに関わる場合は、機敏にできるかというと難しいでしょう。

　他方で、世の中の発展などを見て、地域などに開かれているべきだという

動きも出てきています。「学校と地域住民等が力を合わせて学校の運営に取り組む」仕組みであるコミュニティー・スクールなどですね。

　子どもは学校だけで過ごしているわけではないため、子どもの成長、発達を支えるには地域・保護者の連携が不可欠ですので、具体的な方法はともかく、この方向性はよいと思います。

小野田　私のかつての研究対象だったフランスの学校では、学校の役割は「知育」であって、「徳育」はしない、というのが原則でした。日本は知育・徳育・体育と形容されるように、社会的な態度形成から規範意識や人間観まで、学校ですべてを学ぶという風潮が強くありますね。

　そして、「保護者の信頼を得てこそいい担任である」「地域に支えられている学校はすばらしい」という認識があります。ですから教師と保護者の接触の機会が大事にされ、家庭訪問をしたり相談にも積極的に乗ったりということにつながります。学校の中でのことでも、学校の外で起きたことでも、何かあれば担任が親御さんに連絡を入れることが普通です。

　フランスの場合は、例えば、子どもが欠席すると、担任ではなく、それは担当の職員さんがいますので「お子さん欠席ですがどうされましたか」というのは、学級のこととは切り分けられて聞かれます。ある意味で日本的な、と言いますか、ありとあらゆることを包括的にやらなければいけない学校の先生というのは長い伝統となっていますね。「いい教師は保護者の信頼があってこそだ」という価値観をお互いが大事にしてきた、ということがヨーロッパ的なものと違う、ということです。

　もっともヨーロッパ諸国も最近は、保護者や地域との関係が大事だという傾向も進みつつありますが、「子どもからの信頼を得る先生」というのが基本です。

くま　やっぱり、地域とか保護者に好かれている校長や担任は、保護者ともいい感じになりやすいですよね。普段のやり取りの中で信頼関係があれば、企業とかでも根回しという言葉もありますが、情報が行き来しやすくなることがありますよね。

一方で、48か国が参加した「OECD国際教員指導環境調査（TALIS）」で、日本の先生働きすぎ問題が指摘されましたね。「教員の1週間あたりの仕事時間」が、日本の小学校で54.4時間、中学校が56.0時間。小学校は任意調査なので平均はとりにくいですが、調査参加国の中学校の平均は38.3時間ですので、やはり多忙な状況にあるようです。

　ただ、「保護者との連絡や連携」は小学校・中学校ともに1.2時間で、参加国中学校平均は1.6時間。他のことに忙殺されて、なかなか保護者対応の時間が取れない背景もあるかもしれませんね。

　まとめると、子どもがトラブルに巻き込まれた？　と思ったら、まずは事実確認。場合によっては先生や同級生などの相手の意見を聞いて、その後改めて子どもにどうしたいか聞き、学校に提案する流れを基本的なやり取りの仕方として心得ておきたいと思います。

　以降のページで、個別のケースについて考えていきたいと思います。お二人とも、よろしくお願いいたします。

学校指定用品が高い！
市販されているもの買っていい？

制服や体操着について、その学校から指定されることまでは理解できますが、何かにつけて「〇〇商店で売っている学校指定のものを購入するように」と言われることが多いです。赤白帽や水泳キャップ、運動靴、上履き、補助バックなど。赤白帽や上履きは100円ショップにもあります。学校指定と言われますが、家庭の経済状況を考えて、同じ用途であればどこで購入してもいいことにならないでしょうか？

なんでも手に入る時代。
学習に使える機能があれば基本はよい。

保　くま　学校名が入っているなどじゃない場合、指定より安いものを買っている保護者が多いですよね。赤白帽子とか、男の子だと制服、特別な刺繍とかがなければシャツとかは市販のものにしている人もいますね。

学　小野田　実はこれ、保護者の方々からよくご意見を聞いて、結構気になっていることです。本当にお金に困っている場合、国の制度として、生活保護を受けている要保護家庭、それに準じる準要保護家庭に対しては給食費のほか、学用品費や教材費が実質的に無償になるように工夫されています。所得や家族構成などによって、また自治体ごとで基準が若干異なっています。給与所得の控除後の基準金額が定められています。

でも、じゃあその認定基準の少し上のボーダーのところのご家庭からは「苦しいね」という声もありますし、もし兄弟がいいらっしゃるご家庭でしたら、「おさがりでは駄目なのでしょうか」と聞くことがあります。もちろん、例えばさんすうセットとかですと、何かが足りない場合もあるでしょう。学校によっては、学校事務の方が、卒業生から寄付を受け付けて、そうしたもののストックを保管している例もありました。多少、その年度の指定品とおはじきの形が違っていても、学習に使用できるのならば、よいと思います。

　というのも、GDP は下がってしまいますが（笑）、**SDGs の時代ですので、学習の用途と機能が備わっていたら、隣の子と違うものであっても、それで構わないことが広がるといいな**と思っています。

くま　実際、フリマアプリなどでもだいたい同じ商品を見かけますよね。全く見た目が違うなどだと、友達から「みんなと違う」と言われる可能性があるので、親の判断もある程度は必要にはなると思いますが。学校からも「指定はこれだけど、お古とかあれば形は問わない」というアナウンスがある場合も増えてきたと思います。

□ 派手さの悪目立ちやバラツキが余計な情報になるという学校の配慮も

弁 鬼澤　このことを本質から考えると、機能が備わっていれば学習できるのでいいのではないか、と考えます。

　ただ、じゃあなぜ指定があるのか、という背景に思いを馳せると、学校側としては「みんなバラバラだと、子供間のバラつきが余計な情報となって、『それ違うな！』『それかっこいいな！』という無用な議論が回避できること」があるんじゃないかなと思います。指定したくなる気持ちも分かります。

　ただ他方で、学校や先生が指定していないものを持ってきた際に、何かそれ以外の不利益はあるのだろうか、そもそも用品を指定する権限があるのでしょうか、と思うのです。**一番ベストなのは「指定は、こういう理由でこれにしています。でも別のものでもいいですよ」という姿勢が広がること**だと

思います。

　加えて、少し個別の商品の例ですが、「制服が高い」ということは前々から問題になっています。公正取引委員会も動いていて、平成二九年「制服の取引実態に関する調査」が行われました。（注釈：『（平成 29 年 11 月 29 日）公立中学校における制服の取引実態に関する調査について』https://www.jftc.go.jp/houdou/pressrelease/h29/nov/171129.html）

　最近も、制服業者が駐車場で値上げの合意をしたということで排除命令が出ていましたね。（注釈：『（令和 2 年 7 月 1 日）愛知県立高等学校の制服の販売業者に対する排除措置命令等について』https://www.jftc.go.jp/houdou/pressrelease/2020/jul/200701.html）

　保護者の方に対してのアドバイス、とは少し逸れますが、寡占状況について調査が行われ、摘発もされている状況を踏まえますと、「（市場価格に対して）高いのではないか」という問題意識はその通りじゃないかな、と思います。

　私も子供の貧困問題に結構関わっていますので、指定商品じゃないといけないのかということに対する疑問は感じます。

　この問題で弁護士に相談しようということはないと思いますが、事情を説明して、先生に伝えればいいのではないかな、と思います。

□ 植物の栽培キットなど統一必要なものも

小野田　例えば、**アサガオやプチトマトの栽培キット**がありますね。こうしたものが、**育て方によって育つ過程が大きく異なってしまうと、同じ学習過程が共有できなくなってしまいます**。学校教材のプチトマトは、そこまでおいしくはないですが（笑）、多少乱暴な育て方をしてもある程度は実るように、遣り水の過多に大きな影響を受けず、しっかりと育つように学校の用品向けに品種改良されているものがあるのです。僕らが子供のときには、そうしたことがなかったので、全然育たないものも一定数出てきました。理科の

実験キットなどはそうした配慮の上で指定されているものもあります。

　歴史的に振り返ってみますと、六〇年以上前の戦後の復興期には、指定がない商品について、みんなが同じものを揃えることができなかったケースがあるのです。揃えるためには、教材会社が人数分確保して、卸してくれることで、一斉に授業を始められることができることになります。そうすると、学校用品会社などが登場して、必要な時に必要な数を揃えられる流通の仕組みが作られてきたという経緯があるのですね。

　しかし、今日になると流通のシステムは変わっていまして、同じ形状や用途のものを様々な業者が作って安くお店で売ったり、フリマアプリで商品をやり取りできたりする時代になりました。同じものを手にできない時代から、代替品が常にあるという時代になっているので、質問の方がもし学校に強制されているレベルだとすると、それはある程度は学校側が考え直すことが必要だと思いますね。

くま　確かに、理科の実験キットや、書道セットとかは指定されて助かるんですよね！　筆とか自分で一から揃えようと思うと、結構な労力を使って大変ですよね。

　そうしたものではなく、普通のお店で売っているものをインターネットで検索して指定用品の値段と比べたときに、えらく高い！　みたいのものは、保護者的には納得がいかないです。正しい金額だったら、指定いただいたものを喜んで買うと思います。

　また、最近はその指定用品も、「最低限必要なものはこれ」というのと「さらに実態に合わせて必要ならこれ」と購入するものを選択できることも増えたように感じます。筆は、もう少し高いものもあるよ、とか、絵具セットは基本８色でいいけど、他の色は〇〇円で購入できます、みたいなオプションで選べるのは、非常にありがたい制度だなと思っています。

小野田　お金の支払いの問題で言うと、保護者によっては例えばお子さんが

二人以上いると、まとめて四月にたくさんの請求がきてしまうこともありますよね。保護者のご負担を減らす方向に、社会全体が動いていってほしいです。

鬼澤　学校の授業料以外でかかる経費の調査もありますね。（参考：『平成28年度子供の学習費調査の結果について』https://www.mext.go.jp/b_menu/toukei/chousa03/gakushuuhi/kekka/k_detail/__icsFiles/afield-file/2017/12/22/1399308_1.pdf)

　これを見ても参考にしかなりませんが、一つの指標として押さえておくのはありかもしれません。

■学校教育費を見ると、公立小学校では、図書・学用品・実習材料等の経費が占める割合が多い。一方、私立小学校では授業料が占める割合が最も多い。

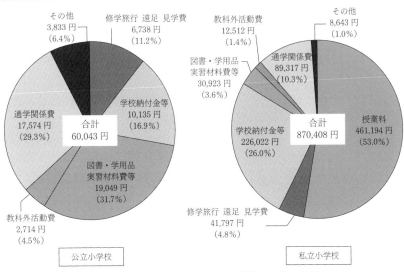

図　公立・私立小学校における学校教育費の内訳

家計が急に悪化……
学校の費用が払えなくなったのですが……

　先月、夫の勤める会社が倒産し失業しました。突然のことで驚愕したのですが、私もアルバイトを増やすなどなんとか対応したいのですが、頭が痛いのが、就学児童2名分の毎月引き落とされる学校納入金で、月々6000円×2人分あるのです。就学援助費があると聞きましたが、前年度の所得証明は夫が働いている時でしたので対象にならないのかもしれません。このような急な家計状況の悪化について、学校側として配慮してもらえる制度はないのでしょうか?

Answer

「学校事務職員」さんにつないでもらい、
就学援助制度等の適用を申請しましょう。

学　小野田　学校の経費については、一番詳しい学校事務職員に聞いてみましょう。申請書類などをもらえると思います。学校の事務職員は地方公務員試験を受けて、学校に配置されていて、学校の財務や、さまざまな書類の処理などを担当されています。

　相談すると、教育委員会の担当者につながっていくことが多いです。事務職員には、担任の先生につないでもらってもよいでしょう。

　各自治体には一般的に「就学援助制度」というのがあります。これは自治体によって、世帯年収や世帯構成によって金額や名目が変わりますのでお尋ねいただくか、もしくはHPにも載っていることが多いのでお調べください。

　一点気を付けたいのは、こうした制度は昨年度の収入の証明が基本になります。今回のケースのように、急に払えなくなった場合というのは、別途証明と決裁が必要です。なので、申請を始めても、来月の分などはいつも通り引き落とされてしまうかもしれません。

　確実なのは、銀行に引き落としを止めてもらうことです。学校の場合は、近くの地銀の口座などで一括管理している場合が多いですね。収入については あとで証明できるので、いったんは未納という処理で進めてもらう方が、生きていくためにまずできるやむを得ない対応でもあります。

保 くま　一つ前の質問にもありましたが、学校に通うのには結構お金かかります。給食費から、教材購入、修学旅行の積み立て以外にも、PTA 会費などがあります。なにより、食費や生活費がある上にのっかってきますからね。収入が一気に減ってしまうことはかなりの負担になります。

小野田　もちろん、公の会計ですので、証明を受理するのには手続きが必要なのは当然です。

　悲しいことに、払える能力があるのに意図的に未納の人もいるわけです。とはいえ、給食費が未納だからといって給食を食べさせないわけにはいかない。水面下でそうした保護者に相談しているものの、「クラスメートのあの子は未納なのになんで」というケースもあるかもしれません。

　こうしたことは、卒業アルバムはいらないから払わない、や、行事に行かないから積み立てた修学旅行費を返して欲しいなどのケースもあります。

　行事等は、残念ながら欠席の場合、関係する費用を返金する学校もありますので、個別に相談したほうがよいです。学校に限った話ではないですが、突然キャンセル、というのはいろんな人に迷惑がかかるので、ここはどういった理由であれ、ひとまず担任の先生、学校事務職員に相談してみてください。

弁 鬼澤　また、並行してになりますが、失業保険の手続きなどもしていかないといけませんね。学校に限らずご負担が一気に難しくなる状況なので、ここは学校や教育委員会にも、柔軟な対応をしていただきたいところです。

ママ友が小中一貫に行くって嬉しそう… 一貫校や公立私立の選択で気を付けることは？

　私の住んでいる自治体の公立小学校は希望選択制です。
家から徒歩1分圏内に公立小学校がありますが、近所の親御さんからは、少し離れた（徒歩25〜30分程度）小中一貫の公立小学校に通わせようかという意見が多くあります。
　「小中一貫」という響きだけでそうおっしゃっている気もしますが、実際のところ、公立小学校であっても小中一貫の学校に通わせたほうがいいのでしょうか？　メリット・デメリットなどを教えていただきたいです。

学校の選択肢を広くもてることが大事で、一概にどっちかがいいとは言えません。

学 **小野田**　小中一貫校、中高一貫校については、私立については、都市部とそうでない場合、意識はかなり違うと思います。中学校で私学受験となると都会では可能ですが、農山村部では私立は限られていて、行くとしても全寮制など、費用以外の問題で選択の余地がない場合がありますよね。一概にどちらがいいですよ、と言えるケースはほとんどないです。

　また、公立の小中一貫校は増加しています。ひとくくりに小中一貫といっても、最近色々な背景で出来てきているケースがありますので、どういう学校かを知ることがまず第一歩だと思います。
　例えば、子ども人口の急減地域では学校の統廃合を避けるため、小学校と中学校を一つに統合するということがあります。学校は地域の文化の拠点でありシンボル的存在でもありますので、簡単には閉校にしたくないものです。

一つの小中学校にすることで一定数の児童生徒を保ちながら、校長先生は1人といったように、運営の上でのメリットも発生するからです。

　他には、大阪でもあるのですが、カリキュラムの視点からモデル的に小中を統合して9年間にする例もあります。9年間一貫のカリキュラムで進めることによる教育的効果を期待しているところがあります。そういう改革の方向性は市町村長の意向が大きく働いています。こうした教育の話題は、首長として政治的業績の一つにできますので、いろんな事情で公立の小中一貫校が作り出されていることもあります。

　さらにその学校には、もともとの就学指定区域以外のところからも進学することができるようにする特認校制を採用しているか否かで、そもそも公立学校でも選択の範囲が違ってくる場合もあります。

□ 大きく離れた異学年交流で刺激を
□ クラス編成／担任が固定のデメリットも

保　くま　都内にも小中一貫、いくつかありますね。保護者は「うちの学校は小中一貫だから〜」とどちらかというと前向きに捉えていることが多いです。何でかというと、公立なんだけどよりいい公立に行きたい、という希望をもつ親が多いからでしょう。**小中がつながっていると、いわゆる「中1ギャップ」がない**ですし、小学校時代から中学生と異学年交流の経験ができるなど、好印象に話す人がいますね。

　ただ、質問として「行った方がいいでしょうか」となると、やはり地域や学校によって事情が違うので一概には判断できません。

　一個思うのは、小中一貫に限らず、私立と公立の小学校における、ICT環境の違いはあります。仕事でいま、いろんな学校のICT環境について取材させていただくことがあります。GIGAスクール構想で公立の全校にタブレット型端末を配布する予算措置が進むなどのハード整備が進むことは嬉しいことですが、そのタブレットをどのように使っているのか、となると、やはり従前から導入していた私立は違いますね。小学校3、4年でプレゼンの資料をつくって発表するなんてよくあります。もちろん、これはよく言われ

ている教育格差の問題でもありますから、将来的にはその差はどんどん埋まっていくと思いますが、2020年のリアルタイムの話です。

　でも、プレゼンの指導があるかないかってぱっと見は素敵に見えますが、教育の、根本的なことではないですよね。公立でも、特定の教科の研究校で、全国から注目されている指導体制があるところや、校長先生がユニークで他では受けられない個性的な教育をしているところももちろんあります。

　子どもにとって、広い選択肢を用意してあげる意味で色んな学校を子どもと考えるのはベストでしょう。ただ、小学校を決める場合は、親の決定がほとんどだと思います。その際には、将来子どもに何故そこを選んだのかしっかりと説明できるだけの考えと、もし校風などが合わなかった場合の子どもへのケアをしっかりと準備しておくことが大切だと思います。

小野田　今のご指摘、ある意味一貫校のマイナスな面にもなりえるんですね。**「人間関係の固定化」**です。例えば、そりが合わない子が多かったり、担任の指導が本当に駄目で悪影響があったりした場合、人数のいる公立校であれば毎年クラス替えは基本あります。そうでなくても担任の先生が例えば本当に問題がある場合はそれを訴えることで、翌年度には担任交代や異動になるなど考えられますね。

　学校の先生にとっても、必ず学年と共に持ち上がらなければならないわけではない、というのは負担の軽減につながることもあります。踏ん張ったけれども学級崩壊してしまった、という場合に融通が利くことは、心理的な負担を幾分減らせますね。

　私立では、学年進行で担任団もクラスもそのまま持ち上がっていく例が多いです。子ども同士、子どもと教師のパワーバランスが固定されたまま行ってしまうことが、かなりきつい場合になることも発生します。

　逆に、カリキュラム面では、学年ごとに止まることなく進んでいくので、最後の中学校3年生のときは高校受験対策に取り組める時間が多いと思います。中高一貫の大学受験もそうですね。これは一貫校の売りの一つでもあると思います。上手くはまる場合は特に大きなデメリットはありません。

　一点、補足させていただきますと、少し昔の話ですが、国立教育政策研究所の指定を受けて、中高一貫の国際調査としてフランスに行ったことがあります。フランスは日本でいう小学校—中学校—高校が5年—4年—3年制という違いはありますが、その中高7年間をくっつけていることはほとんどなかったのです。

　聞くと「多感な思春期をなんで7年間も同じ学校に閉じ込めてしまうの？」と逆に尋ねられました。自分で選ぶチャンスは多い方がいい、という意見をフランスの教育関係者からよく言われました。

弁　鬼澤　私は中高は一貫の私立でした。多感な時期6年間閉じ込められていました身分としては、何とも言えないところもありますが（笑）、**高校受験がなくてプレッシャーがなかったので、部活とか好きなことに打ち込めました。**校風も合ってて先生たちが褒め上手だったので、この学校生活がないと私は希望した東京大学には入れなかったのではないかな、と思います。

　ただ、おっしゃる通り、合う合わないはあると思います。

　制度的に言えば、問題のある教師に当たってしまった場合を考えると、その教師の異動は公立ならば自然に起こりえます。私立だと、異動などがほとんどないことが多いです。今でも高校にいったら昔お世話になった先生がいらっしゃいますので嬉しいですし、ある意味いいところではあるのですが、内部の文化が固定してしまっているということもあり得ることは私立の難しさかなと思います。

　在籍時は特に考えたことはなかったですが、いまさまざまな学校のトラブルにまつわる仕事をさせていただく中でこのように感じるところです。ただ、結局は「自分の子どもに合っていると思った私立があるのであればそこに行った方がいいのではないか」と思います。

隈　そうですよね。入学前から子どもに合うかどうかは分からないとなると、**親が違いを知った上でサポートする**ことが大事ですね。

周りがもっててわが子にもスマホを。
気を付けること教えてください！

・SNS や LINE の怖さを学校
でも勉強するのか。

・小学生になった時、周りの
影響で、ゲーム依存やスマホ
依存にならないか不安。そし
て、スマホを持たせなかった
場合、仲間外れにならないか
不安。

Answer

小中学校は原則持ち込み禁止。
スマホが問題行動の助長につながらない
ための指導は急務。

保 **くま**　必要性という視点だと、親との連絡手段としてなくてはならない
ものになってきています。

　私たちはスマホの依存症などの専門ではないのですが、質問が多かったの
で、まず文部科学省が通知を出していますので紹介いたします。

　（「学校における携帯電話の取扱い等について（通知）」、令
和 2 年 7 月 31 日 https://www.mext.go.jp/content/20200803–
mxt_jidou02–000007376_2.pdf）

　まず、学校での取り扱いの基本についてです。

⑴小学校
○原則持込み禁止とし、個別の状況に応じて、やむを得ない場合は例外的に
　認める。

(2)中学校

〇原則持込み禁止とし、個別の状況に応じて、やむを得ない場合は例外的に
　認める。

または

〇一定の条件を満たした上で、学校又は教育委員会を単位として持込みを認
　める。

(3)高等学校

〇校内における使用を制限すべき。

(4)特別支援学校

〇各学校及び教育委員会において判断。

　小中学校は原則禁止です。なので、持たせるとしても下校後になりますね。
自治体や学校によっては、持ち込みを許可する議論が始まっていると思いま
す。もし持ち込みOKの学校にいる場合、以下のことを保護者も注意してお
く必要がありますね。

　現状でも中学校で認める場合、「学校と生徒・保護者との間で以下の事項
について合意がなされ、必要な環境の整備や措置が講じられていること」と
して以下の4点があがっています。

(1)生徒が自らを律することができるようなルールを、学校のほか、生徒や保
　護者が主体的に考え、協力して作る機会を設けること

(2)学校における管理方法や、紛失等のトラブルが発生した場合の責任の所在
　が明確にされていること

(3)フィルタリングが保護者の責任のもとで適切に設定されていること

(4)携帯電話の危険性や正しい使い方に関する指導が学校及び家庭において適
　切に行われていること

　この文部科学省の通知の中には「ネット上のいじめ」に関することも書か
れています。学校だけでなく家庭での取組も重要で、学校だけの責任ではな
いでしょう。私たちも子どもと考えないといけませんね。(3)のフィルタリン
グなどで対応していくことも考えられるでしょう。

学 小野田 10年くらい前から「持たせていいかな？」と保護者さんによく聞かれるようになりました。そもそも最近は保護者さん自身が「スマホ第一世代」で、ガラケー世代でもないのですね。また、公衆電話が設置されている場所が急減したことなどから、田舎の方ほど連絡手段として必要だと思うのです。

　先の通知の中では、ガラケーやスマホに限定しての話でして、いまやある程度の子どもが使いこなしているタブレットなどについては「教育活動を目的としたICT機器の持込みについては、教育におけるICTの利活用の在り方との関連で検討されるべき事柄であることから、今般の議論の対象からは外す」とされています。ところが、もはや授業でもタブレットを活用していますし、公立高校や私立の中高ではスマホで宿題の通知をする学校もある時代です。ですからこの通知は、過渡期の一時的な意味でしかないように思います。情報通信機器の発達とその利用は止められないし、活用の仕方をどうするかだろうと思います。

　質問にあった「仲間外れにならないか」というと、時代の流れからすると意図せず連絡網から漏れてしまうこともありますよね。中学校の部活の試合の集合場所と時間があらかじめ決めてあったとしても、急な変更が生じたときに連絡がとれなくなることはよくあります。もちろん「まだ小学生や中学生にスマホは早い」と考えられる親御さんの考えは否定しません。

弁 鬼澤 習い事などで夜遅くなるときの子どもの安全管理を考えると、「なくていい」とは言い切れませんね。「必要でしょうか」と聞かれて考えると、必要だろうなと感覚的には思います。

くま 内閣府の別の調査では、小学生のスマートフォン・携帯電話の所有・利用率は、平成29年度において、55.5％で、中学生は66.7％とあります。災害時の連絡手段など、ちゃんと使えば、効果を発揮するものです。

　では、子どもがスマホを持つことで、何が問題になるかということです。通知では大きく三点指摘されています。

①機器を持ち込むことにより直接発生し得るトラブル

・紛失や盗難、破損、取り違え、またこれらに伴う責任の所在に係る問題

②持ち込んだ機器を使用することにより発生し得るトラブル

・授業の妨げ、問題行動の助長（ネットいじめ、盗撮等）、マナー違反の増加（歩行中における携帯電話の使用等）

・上記トラブルに対する指導等のための教員の負担

③持込みを認めることから派生する影響

・児童生徒のインターネットへの依存度の高まり

・携帯電話非所持者の新規購入に伴う保護者等の経済的負担

・携帯電話所持者と非所持者の分断

　中でもスマホが「問題行動の助長」につながらないようにするアンテナは保護者も教師も必要でしょう。

□ ネットトラブル対策の根底には現実の倫理
□ 意図せぬ情報を発信しないことを共有しておきたい

小野田　スマホトラブルの中でも恐ろしいのは SNS での名誉棄損や侮辱ですね。軽い気持ちでの書き込みでも「証拠」として残りますから、いじめ防止対策推進法が施行されている今では、「いじめ加害者」として指導されることになります。

鬼澤　ネットの特徴はまず共通認識にした方がいいですよね。**「ネットの書き込みは一生消えないもの」「世界中から見られること」「文字での批判は対面よりもキツく映る」**とかです。

　ただ、いつも思うのは、もっと根本の倫理観の共有です。対面のコミュニケーションで同じこと言えますか？　というところが指導の根本にあれば、どんなツールが出てきても、問題行動の助長にはつながらないはずです。

　そこでは、ネットと現実世界と連動している、という意識をしっかりと共有することが必要です。

小野田　平成 30 年 5 月に、熊本県の北部の学校で高校 3 年生の女の子が自

殺する事案がありました。SNSにアップされた動画が原因でした。女の子はただコンビニに行っていただけだったのですが、別の男の子が撮っていた動画の中に写り込んだのですね。そこから男女の仲を噂されて、誹謗中傷などが、およそ半日で一気に広がっていきました。3時間目が終わってその子は早退し、その後自殺してしまった。SNSへのアップからわずか1日です。

　この件は第三者委員会の報告書が出ています。そこでは「学校は以前から『死ねばいい』など粗暴な言葉が平然と飛び交う言語環境にあった」「スマートフォンの使用などについて規範がなし崩し的に揺らいでいたことも自死の遠因」などとあります。

　SNSというのは、新しいアプリケーションがどんどん出てきますね。個別の使い方、といっても、掲示板、呟き、グループでのメッセージ、今は動画投稿と実に多様ですから、小手先の対策を繰り返しても防ぎきれないように思います。原則的に大事なことは、その投稿によって「相手がどう思うだろうか」「皆が何を感じるか」、そして「自分がどうなるのか」という想像力を働かせ、抑制的になれるかだと思います。

くま　私がいじめの関係で相談されることに、男女の仲の噂がきっかけのトラブルが結構あります。**ネット上ではその広がる速度が速いですから、知らない間に大勢の人が自分を中傷しているような印象を受けることも多いです。**

　「付き合ってるらしいよ」「あの子二股してるよね」と他人事で拡散することが自殺にまで追い込んでしまうな、というのは周りの大人もしっかり想像して動かないといけません。

鬼澤　自分でも投稿するとき気を付けます。例えば**文章、写真、動画で情報量が全然違い**ますよね。背景に何か写っているとかで、場所が特定できます。その辺りのリスクの感覚を共有していくべきですよね。自分が何を公開しているのか、というのを子どもたちと共有しないといけない時代だと思います。

くま　学校として、ネットトラブルは、実際の学校の風紀に影響しますから認知すれば対応すると思います。ただ、なかなかネットパトロールまではできませんよね。やはりある程度は持たせる責任として保護者が、これまでご

指摘いただいた現実と地続きであることの想像力などについて、子どもとしっかり価値観を共有しておく必要があるでしょう。

□ 依存の解消は、別の楽しいことにあり

鬼澤　さて、依存気味かも、ということについて。個人的な体験としては、ゲームについて、小学校のときとかファミコンとか、すごい好きでかなりやってました。中学に入って部活をやり始めるようになると、部活の方が面白い、と少し距離を取るようになりました。ゲーム以外に何か楽しいものを提供するけれども、その中でゲームを選択しているなら、それはそれでいいんじゃないのかな、と思う気持ちもあります。

　私の場合は今でもハマるとどっぷり浸かるので、怖くてスマホのゲームはあまり入れないようにしています。社会人になっても一度ゲームにはまってしまうと夜遅くまでどうしてもやってしまう体験はありますね。恐怖に感じたとき、消すようにしています。

くま　えらい！　社会人の場合でさえ、そこが分かれ目ですね（笑）。

鬼澤　そういう意味では、子どもが「どうしてもそのゲームをやりたくてしている」場合、共感してあげることが重要なのかな、とも思います。「分かるよ、何か手を伸ばしてしまう気持ち。でも、それちょっと怖くない？」と声を掛けて、決めた時間は押し入れにしまうとか、コミュニケーションしていくほうがいい。楽しいことはついついやりますよね。

くま　次に新しい何かを教えることで依存状態を抜けるともよく聞きますね。楽器とかもいいらしいですし、意外と公園に連れて行ってみると、ワーワー走って楽しそうとか。文化祭の実行委員とか、何か違うものに興味が向いてスマホなどから自然と離れることは妥当なのかな、と思います。

　よく「子どもがYouTuberになりたい」といって「えー？」と思うけれど、「じゃあお母さんYouTube以外の子どもが憧れるようなもの見せていますか？」ということですよね。子どもにとって一番身近になっているのがYouTuberなら、なりたいという気持ちは妥当ですよね。少し難しいことかもしれませんが、別の楽しみを一緒に探すことがよいと思います。

担任と子どもが合いません。変更していただくことはできますか。

・どのレベルなら学校に相談すべきか迷います。とくに担任の言動が微妙と感じてもそれを誰に伝えるの？ というかんじです。クレーマーと思われたりそれで子供に害があることが不安で口をつぐんでしまいます。

どうも!!
担任の
〇〇です!

こわい…

・担任の顔が怖くて子どもが学校に行くのを嫌がっています。こうした事情はどのように解決すればいいでしょうか。

・低学年は特に先生の指導次第で精神面への影響が大きいのでベテランの方とか要望したいですが難しいですよね。

Answer

担任の変更は校長の裁量の範囲です。事情を相談してみましょう。

弁 **鬼澤** まず、制度的には、**担任変更は「校長の裁量の範囲内」**になりますので、校長がうんというか、です。

変えるということは、先生の配置が変わりますので、ほかの先生方も配置を動かさないといけません。校務分掌、が根拠になると思います（学校教育法 37 条第 4 項）。

基本的に学校は、一人の子が先生に合わないという理由で、クラス全体が影響を及ぼすような対応は難しいという考え方だと思います。担任の言動にかなりの問題がある場合は別ですが、うちの子が少し合わないという場合につきましては、裁量として認められるかと考えると、難しいのではないか、

と考えます。

学　**小野田**　「私ってモンペかな」という最初の事例でも紹介しましたが、担任の顔が怖くて子どもが委縮しているは、笑い話ではなく結構ある話です。

　実際に担任が変更される可能性は、学級崩壊状態になり収拾がつかない状態になったり、親御さんとのトラブルで精神的に追い詰められたりして、病気休暇をとる形となった、ということはいくつか聞きます。

　長期間担任なしの学級の状態を続けるわけにはいきませんので、教育委員会に頼んで講師を回してもらうとか、校内人事でやりくりする方法がとられますが、最近はその余力がなくなってきた学校が多いので、緊急事態として教頭先生が担任を兼務することも稀ではありません。

　担任を変更してもらう、という要求がどこまでできるか、となると、それなりの根拠が必要ですよね。わいせつの事実を掴んでいるとか、ひどい暴言について記録をつける、などが必要です。そしてそうした事実があるのならば、速やかに要請する方がよいです。

保　**くま**　私はこうした悩みから通学する学校を変更した親子の例を聞いたことがあります。

　子どもが、先生が怖くてもうどうしても登校できなくなったので、親としては変わるしかない、となって、引っ越しはできないので、同じ区内で次に近い小学校に行ったパターンがありました。意外と歩いても行ける距離なら、幼稚園のときや習い事のつながりで知っている子もいて子どもの心理的にも変更しやすいということがあるようです。

　場所によっては、学校数が結構ある場合もあるので、隣の学校がそう遠くなく、引っ越しを伴わない変更も視野に入りますが、地方は隣の小学校はすごく遠いんです。歩いていけないですね。

　ほかには、友達のいたずらがどうしてもなくならなくて、引っ越したという人もいましたね。結構判断は難しいです。

　確かに、会社や組織で、いきなりあの上司と合わないから部署を変えてくれ、と言われても対応できないのは、色々な方針が絡み合っているからです

よね。

　このように合わないと思って「仕方ない、こちら側が変わろう」ということで、年度途中の通学する学校の変更について、法的にはどのような仕組みでしょうか。

鬼澤　根拠を調べると、これも裁量で、法令上「保護者の申し立てにより、市町村教育委員会が相当と認めるときには、市町村内のほかの学校に変更することができる」ことが定められています（学校教育法施行令８条前段）。

　個人の意向を全て反映させなければならないということは、法律上は認められておらず、やはりそこは教育委員会の裁量と言うしかないですね。

小野田　転校というのは、これは各ご家庭の事情に大きく左右されますのでなかなか簡単にはできません。ただ、昨今はいじめの問題、不登校の問題が社会的に認知されてきましたことなどから、心機一転やり直そう、と思い立った場合、教育委員会は昔よりは柔軟に相談に乗ってくれる例があると聞きますね。先ほど鬼澤さんのおっしゃられた「就学校の指定変更」と言います。

　教育委員会は「子どもが学校に行くこと」を大事にする機関ですから、「なおもその学校で頑張り続けるよう体制を整える」か「就学校の指定変更を認める」かの判断をすると思います。

□「完全に合う」学校／担任はない

　大事になってくるのは、まずは子どもの意志です。次はそれを親が了承しているか。この確認があれば、移る先の学校長と今の学校長が情報交換をして、受け入れやすそうな組の担任に「どう？」と確認していく。

　とはいえ就学校が変わっても、通学手段は自助努力してください、となるのが現実です。くまさんがおっしゃったように歩いてでもいける距離に学校があるのならば、勧めたい気持ちも分かります。

　最近は特認校という制度も広がっていますね。「この学校は自治体内のどこから来てもいいという学校」のことです。これは学校の存続、地域の活性化などを目的にしている場合が多いですが。

くま　心配なのは、合わないのレベルです。**正直に言うと、「完全に合う学校」なんてないんですよね。**余程の場合であれば変わった方がいいですが、場を変えるのは大賛成ですが、それがある意味手軽な選択肢になると、何かあったら次の場所、誰か合わない人がでてきたら次の場所、となるとこれは子どもの負担が逆に厳しいですよね。

鬼澤　例えばいじめやトラブルの場合、被害生徒・保護者の側からはなんで加害者じゃなくて、私が最終手段として転校しなければならないのだ、という声が当たり前ですがあがります。一方、加害者の転校は法律上強制ができないので、被害者側が動くことで改善に向かうならありなのではないか、という気もします。被害者側の負担になってしまうことには、いろいろ思うところはあります。

小野田　そうですね。基本的には子どもの意志が一番大事ですよね。「新しい所でがんばれる？」。ここには親子の関係として、子どもの意志をどれだけ尊重してあげるか、というのが大事ですよね。

くま　また、自治体によって違いはあると思うのですが、要請されたからすぐ学校変える手続きに入るかというとそうではないですよね。一人が OK なら、「他にもどんどん変わりたい！」となる……ことは聞いたことはないですが、可能性としてはありますよね。

　個人的なまとめとしては、学びの質と安心して学べる環境が保障されるなら、いたずらに変えることがいいことだとは思いません。このいずれかがない場合は相談するべきですし、改善を訴えてよいと思います。

鬼澤　色々述べてきましたが、就学の変更は、裁量なので自治体によると思います。こういうケースでは就学変更をする、というような基準を明確にもっていればいいのですが。

小野田　私の実感ですが、「○○さんが学校変えた。私のところも」ということはあまりないと感じます。

　教育委員会や学校にお願いしたいのは、まず、移りたいという理由になっている事実関係を確認して、子どもの意志も確認し、それらが妥当なものだ

と認めたうえで、親御さんがそうしたいのであれば、最後の調整作業をする
ということです。その上で、事前に考えたいのは「移る先どこ？」という話
ですね。体験見学も柔軟に実施しているところもあります。

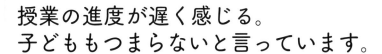

授業の進度が遅く感じる。
子どももつまらないと言っています。

　娘がクラスの授業がつまらないという。簡単すぎるからという。娘がいうには「クラスのみんなそう言ってるよ」といって、「だから寝てる子もいるよ」という。一度土曜参観で授業をみにいったが、確かにスローペースで簡単だと思うような内容だった。公立だからある程度は一定のレベルなのは、仕方ないが、つまらないと思ってる子どもが複数いたり、寝てる子がいる時点で授業が成り立っていないように思う。先生に授業を改善するように伝えるのは、モンペなのか。ついには、「学校はつまらないから、塾に行きたい」とか「家で勉強したい」と言い出した。だけどこの事を先生に伝えると娘がマークされるのじゃないかと怖くていえない。1日何時間も学校で時間を使ってるのだから、この状態を改善したい。

教師は教えるプロフェッショナル。
別のことに困っている可能性も視野に相談を持ち掛けてみては。
子どもには「面白くないと思うことを面白くする」練習という動機付けも。

保　くま　これ、小学校受験がさかんな都内だからかもしれませんが、よく聞く話です。「公立ってこういうもので、私立に行かせていない私が悪いのだろう……進度とかに口を出したらモンペだよね」という形で耳にします。

　レベルが高い子は学年とか公立私立とか関係なく高いんですよね。そもそも幼児期の教育が流行ってることも背景にあります。小学校に来た時点ですでにひらがなカタカナ書ける子がいるんです。足し算も学習塾などでバッチリな子もいる。ただ、学習指導要領では小1でひらがなや足し算の初歩を時

間をかけて教えることになってる。1、2年は友達とやってくし楽しいや、というのもありますが、3、4年以降になると「つまらない」という子どももいると思います。

　問題視する親としては、「一日のかなりの時間を学校に割いているのに知育の効率が悪いじゃないか」ということがあります。自分の生き方においても効率を求める人に多いですね。

　嫌なことを我慢する力を学びに行っているんだ、と考えて割り切っている人もいますね。「面白くないことを面白くしようとする練習だ」と聞いたときは、確かに一つ納得できる考え方だと感じました。

　鬼澤さん、どうでしょう。

弁　鬼澤　私は友達がたくさんいるから、という理由で小学校3年生のころから塾に行っていました。がっつり勉強！　という気持ちではありませんでしたが、小学校5、6年の授業になると、「ほぼ知ってるな」という感じだった記憶です。

　「ううん、少しつまらないなぁ」と感じたときはしれーっと本を読むなどしていました。……やなやつですねぇ。

くま　悪い子だー！（笑）

鬼澤　ただ、自分が知っているだけで内容を知らない同級生がいますし、遅いとかつまらないとか反抗するようなことではないな、と思っていました。

□ 授業妨害をするのは論外

　これはむしろつまらんとか言う側の話で恐縮ですが、中学校のときは課題が終わって時間があって、ぼーっとするくらいならと、ハリーポッターを読んでいました。先生が真ん前に来ても気付かなくて取り上げられて、反省文を書くよう言われました。ただこの件、未だに不合理だと思っていて（笑）。「だって騒いでないし、やること終わってるから、別のことをしている」のに。ちゃんと反省文は書きました（笑）。

　もし自分の子どもからそのようなことを言われたら、「機会があれば周り

に教えてあげよう」とも言いますが、授業妨害など周りの士気が下がることをするくらいだったら「ちゃんとやっているように見える範囲内で違うことをする」ことを勧めるかもしれません。したたかに生きるすべを身に付けよう、ということを勧めるというか。

くま　先生に言わずに自分で工夫して対策すべきということでしょうか。

鬼澤　これは全く法律関係ないですが、つまらないというのを「自分が」思っているだけであれば、全体のことがありますので、気軽に言えるものでもないかな、と思います。

□ 一斉授業からの転換期で、教師受難の時代ではある

学 小野田　ある意味では、この30年くらい「教師受難の時代」だ、と言ってもいいと思っています。くまさんのおっしゃられるように、東京では二人に一人どころか、三人に二人くらい学習塾にいっている学校もあります。

　そういう意味では、昔よりも「一斉授業」と言うやり方がしにくく、教師がどういう風に授業を工夫していくかが問われている時代なのだと思いますね。30～40人が一斉に、先生の方を向いて一心不乱に勉強している、という状況を維持することが時として難しくなっていますね。

　そういう中で、ハリーポッターを読んでいる子（笑）をどのように、教室全体の授業のレベルを高めるために巻き込むか、というところに教師としての力量が問われているとも言えます。「鬼澤くん、となりの小野田くんが困っているみたいだから教えてあげてくれない？」とか、時間を持て余している子どものもっている知識や、教えるやさしさを周りの子にも共有していくような教室空間を作っていく、という教師の力量が試されますよね。

　同じ算数式を使うものでも、教科書や市販のドリルにはない題材をもってきて、前もってその単元部分を習っている子にも興味を持たせて授業に惹きこむとか、課題が早くできてしまう子いますから、その子に合わせた追加の問題を用意するといった設定ができたらいいですね。

　ただ、質問には「一度、土曜参観を見に行った」とありますが、一度のことから切り取られて「やっぱりそうだ」と判断されるのは、教師からすると

少し辛いものがあります。もう少し長いスパンで見た時に、自分の見た授業は全体の流れの中でどういう意味を持っているか、大局的に授業をどう組み立てようとしているのかという点も見てあげていただけたらと思います。

　先に学んだ子にとってはつまらないと思うのは確かですが、ひょっとするとそれは応用問題が解けてしまうから「できている」と思っているのかもしれません。基礎学習をもういちどきっちりと積んでおくことの大事さに気づくといいのですが。50年前には「できること」と「わかること」は違うという指摘がされていました。

　また、指示を聞かずに反発する子がいたり、授業空間が落ちつかない感じがあったりすると親御さんが思うのなら「この前の参観授業がスローペースで気になりましたが〜」「寝ている子がいると聞きましたがどういう具合でしょうか？」「立ち歩く子もいましたが」などの疑問を先生に問いかけることは悪いことではありませんし、責めるという意識ではなくその先生なりの悩みや考えを聞いてみたらいいと思います。

　学習塾に行かせるか行かせないかは親の判断ですから、そこに学校が関わることはできないと思っています。実は私立学校でも塾に通う子も多くなっていて、学習進度や能力のバラつきについて悩んでいます。だから、0時間目とか7時間目を作ってしまって、学校で長い時間生徒を抱え込む、というような対策をとっているところもあります。塾に行かせなくても、うちの学校の教育だけで十分です、ということを売り物にしていますね。

鬼澤　理想を言えば、「別の子に教える」などでチームとして学習が進んでいくのは素敵な学級ですが、なかなか難しいですね。

小野田　毎年、教員免許をもって大学を卒業する人は10万人を超えているのですね。（文部科学省「平成30年度教員免許状授与件数等調査結果」では、平成30年度は213,221の免許状が授与されている。一人で2つ3つの免許状を取得することもある。平成30年度の大学卒業者数は「文部科学統計要覧（平成30年版）」によると567,763人）

　地域差もありますからざっくりですが、先生からすると自分のクラスの10人に1人は教師ではないですが教員免許を持っている保護者と言えるでしょう。

　先生のプライドにもよると思いますが、逆にそうした「進度遅くないですか？」と感じている保護者の力を借りてもいい気はします。「どうすればもっとこのクラスよくできますかね」という風に親御さんを相談役にすると言いますか。

□ 授業には子どもが飽きない工夫が必要。ただ、教師は教えるだけじゃない

　教師が「経験と勘と気合」という3Kだけでやっていける時代ではありません。子どもや保護者の目も変わっていますし、求められている能力も知識も高くなっています。そんな中で、やはり教えるプロとして生計を立てているので、子どもが飽きている状況があるのなら、力量を向上させる、工夫を凝らす必要はあると思います。

　私は、**教師のプロとしての条件は「分かりやすくて面白い授業」ができることだ**と思うのです。

　ただ、学習塾と比べるとすると、塾は子どもも親も「ここではお金を払って勉強をしにきている」意識がありますが、学校は相対的にストレス発散の場としての役割を抱え込まざるを得ない部分もありますね。子どもの表情や態度から、いろんな悩みやサインを出していることに教師は気づくことも必要です。塾は「成績」が基本ですが、学校は「集団的な学校生活」に配慮しなければいけないので、単に授業の質の向上だけを求められるのは酷な部分もありますね。

くま　早く終わった子は「ミニ先生」として他の子に教えたり丸付けをしたり、学校の工夫もよく聞きますね。

　ただ、総合的に考えても授業がやはり厳しそうだ……という際は、先生の

プライドを傷つけないように聞いてみるのがお互いにとってよいと思ったのですが、例えば先生に言ったとき、「そうですか。でもお宅のお子さん、テスト 100 点じゃないですよ」とか言われるのは怖い。結局あんまり言わない人が多いのではないでしょうか。

　話を伺って、教室をよくしたい、という思いが先生と一致するなら言った方がいい気もしました。それができないなら、子どもにその状況をうまく使うように納得できる考えを伝えるしかないですね。

小野田　哲学者のミシェル・フーコーやイヴァン・イリッチが「学校とは監獄なんだ」という主張もありますので、我慢を学ぶところだ、とは確かに言われますね。ただ我慢には限界があります。毎日我慢はできないし、教師だったら我慢させるより工夫してほしいな、と思いますね。

鬼澤　ちなみに、授業について話をしていて、授業内容の変更に関する最高裁の判例があることを思い出しました（最高裁判所平成 21 年 12 月 10 日判決民集 63 巻 10 号 2463 頁）。少し授業の進度が遅い、と言う話とはずれるのですが、少し話をしても良いですか？

くま　どんな内容ですか？

鬼澤　私立学校で入学前の広報では論語に依拠した教育をすると宣伝していたのに、途中から方針の変更があり、その論語に依拠した教育が行われなくなったことについて、不法行為に該当するか否か等が争われました。最高裁は、「学校による生徒募集の際に説明、宣伝された教育内容等の一部が変更され、これが実施されなくなったことが、親の期待、信頼を損なう違法なものとして不法行為を構成するのは、当該学校において生徒が受ける教育全体の中での当該教育内容等の位置付け、当該変更の程度、当該変更の必要性、合理性等の事情に照らし、当該変更が、学校設置者や教師に上記のような裁量が認められることを考慮してもなお、社会通念上是認することができないものと認められる場合に限られる」として、その事案では、「社会通念上是認できない」とは言えない、と判断しました。

　公立学校での授業の遅さについては何とも言えませんが、私立学校で当初

の宣伝の内容と授業内容があまりにも違う場合には、この基準は参考になるかもしれません。

さて、違法、適法などの問題は置いておいて、親と教師の関係について、一番の理想を語るならば、保護者と連携し、学校空間をよりよいものにお互いが精進する、と思います。レベルは高いと思いますが、PTAがそうしたことを支える事例も聞いたことがあります。

例えば先生が外国語を教えるのに苦労している、というときにPTAで英語が得意な保護者を探してきて、毎日ではないけれど先生のサポートに入るということもあるようです。T2（二人目のTeacher）であれば、保護者でも授業に入って大丈夫です。足りない部分を求めて、保護者もサポートできるのは素敵な関係ですよね。あくまで理想論です。

小野田　付け足すならば、別の子どもが騒ぐなどの行動を起こす、という観点から授業改善を求める場合、その子がストレスを抱えているケースがあります。しかも実は多くの場合、その家庭のなかでのゴタゴタや、保護者からの「勉強のできるいい子」であり続けなければいけないというプレッシャーに抑圧されていて、学校で開放的な気分になってしまう子も多くなりました。加えて、いまはゲームなど刺激的なものがたくさんあります。

私が子どもだった60年前は、明るいうちは外遊びをして疲れて帰ってきて、晩御飯を食べてお風呂に入ってすぐに寝てしまう。「早寝早起き、元気に登校」というリズムが普通にあって、授業もその一環の中でした。

ただ、もう現代ではそれが壊れていますね。生活リズムが一定しない子どもが多くなり、夜更かしすることも多くです。不機嫌なまま学校に来ることになれば、その子は居眠りするかストレスを発散させるしかないでしょう。

学校だけでいまの子どもが抱えている多様なストレスに対応するのはかなり難しいと思います。「誰かが寝ている」とか「複数人がつまらなそう」ということは事実ですが、教師の能力をもってしても授業の質の向上が難しいケースもあり、家庭が安定的に子どもの安らぎの場になる状態を作り出すことと補い合う関係でもあることを頭に入れておきたいです。

教師と子どもの距離が近い。
わいせつ行為との境目ってあるの？

小6の娘が言うには、担任教師がやたらべたべたと触ってきて気持ちが悪いといいます。娘の話では「よく頑張ったね」と言って抱き着く（ハグ）することも時々あるそうです。男子にも似たようなことはしているようですが、気に入った女の子だけ「濃厚なように思う」と言っています。どのようにこの不安を学校側に伝えたらいいですか？

Answer

基本的に学校では触れて指導する必要はない。
被害の認識ができない場合もあり、管理職にすぐに相談しましょう。

保 **くま** 　教師のわいせつ行為による懲戒処分は、ニュースで大きく取り上げられますから、保護者の間でもよく話題になりますね。文部科学省の出している資料では、平成30年度が過去最多の282件で、令和元年度も273件の懲戒処分があったようです。そのうち、同僚等を除いて、児童・生徒・卒業生に限ると、126件でした。

子どもたちはどこからがわいせつな行為か分からない場合も多いし、日々会う先生だったらなおのこと立場上、声を上げづらいですから、その数は表面化している一部に過ぎないと思っています。

被害を自覚していなくて、後になってから気付くと本当に気持ち悪い。

これは個人的な体験ですが、私も小学校時代仲の良かった先生に「家に来ない？」と言われたことがありました。とても信頼していて、親に聞いたら、複数人でならいいのでは、ということで友達と行ったのですが、冗談か本気か、私たちに接吻を求めてきました。そこでは結局何もなく終わりましたが、

危険だったと今は思います。でも、信頼していたら、その行為が発生するまで、全く想像もつかないですよね。何が起きたのか分からない。だって、先生ですよ？

学　小野田　それは大変でしたね。完全にアウトの行為です。中にはある程度変だな、と感じて警戒心をもてる子もいますが、最後まで声の上げられない子どもたちも残念ながらいるでしょう。

　先生の立場に立って考えてみると、例えば、励ましたいがために背中をほんの少し、ポンと叩くとかは普通にされやすい行為です。でも、もちろん、最近は、下心があるとかないとかの関係なく、べたべた触るとか、やたらとハグするという、親密性を高めるような行為は学校の中ではしないようにと、先生方の意識は徐々に共有されてきています。

□ 励ます必要があるなら、言葉によるべきで、触れる必要はない。

弁　鬼澤　「コミュニケーションとしてのスキンシップ」、これが言いわけの**常套句**ですよね。いろいろな個別的事情はさておき、許容してはいけないと思います。教師という権力、立場を悪用した行為です。

　信頼していた先生にそうした行為をされて、不快だったけれど、嫌われたくはない、もしくは思い出すのも不快で人に言えない、伝えるための言葉をもたない……と感じる子も多いでしょう。

　まずはこうしたことを聞いたら、学校の管理職に相談するべきでしょう。

　文部科学省は「児童生徒に対してのわいせつ行為は原則懲戒免職」として各教育委員会に指導しています。また、わいせつをした教師には、行政のデータベースに40年間検索履歴が残り、各自治体が採用の際に参照できるようになりました。

小野田　同じ行為でも相手によって受け止め方は変わりますが、みんなにやっているから、許していいのか、と思うと、そうではないですね。質問のような子どもの意見はしっかりと聞いてあげて、本人というよりはまず校長や教頭など相談しやすい管理職に相談にいくべきです。話を聞き、しっかりその教師の行動に注意を向け、そうした行為の有無について、また子どもた

ちの反応を確認して、対処してもらうようにお願いしましょう。

　ただ、子どもから先生に接触しにいっている場合もあります。子どもからしたら"かまって欲しい""抱っこして欲しい"といった甘える願望が含まれている場合、これに上手い先生でしたらいなせますが、無頓着だと、特に気にせず、子どもから来られた場合は、そうしたボディ・タッチを軽く受けてしまう場合もあるようです。線引きをどこでするかということが難しい場合もなくはない。また、教師の関心を引こうとして、そうした行為をする子もいないわけでもありません。

　ただ、体育などでは、指導の補助が必要な場合もあります。鉄棒で落ちそうな子に手を差し伸べなかったら、今度は安全配慮義務違反になります。

鬼澤　そうですね。安全確保のために必要かということを基準とするとよいと思います。ただし、基本的には、言葉で指導するべきですね。そして防ぐために、自治体としては、具体的な対応方法の周知や、教師のコンプライアンスの意識を向上させる取り組みは必須です。

□ 子どもがいやといえる環境を大人が作っていこう。

小野田　「CAP」という日本語では「子どもへの暴力防止プログラム」という活動・考え方・取組があります。Child Assault Prevention の略でアメリカが発祥です。日本でも NPO が立ち上がり、大人への人権教育などの活動を行っています。子どもたちには、不快なことがあった場合、「No（イヤという）」「Go（その場を離れる）」「Tell（誰かに話す）」ということをしていいんだよ、という意識をもってもらう。

　子どもたちが、「いやだな」と思ったことを伝えられるためには、大人がそうした不快感を受け止めるチャンネルを開いていることを、しっかり子どもたちに伝えていくことも大事です。

くま　先生たちも難しい状況が多い場合もあるでしょうが、基本的には接触はしないよ、ということを徹底してほしいな、と思います。

　そして、わが子に限らず、子どもたちがいやなことはいやだと言える社会を作っていきたいですね。

学校のルールが厳しい。
持ち物に細かい指定はありなの？

うちの子の学校は何かと規律を設ける傾向にあり、宿題は算数のプリント1枚、漢字のドリル1枚、音読5ページといったように、判で押したように1年生から6年生まで同じようになっています。さらに保護者にも筆箱の中身

の基本として「鉛筆5本（毎日削る）・赤鉛筆・定規・消しゴム」と指示されていて、保護者が点検するようにと言われています。個別事情が汲まれず弾力性がなく、子どもも窮屈だと言っていますが、学校や担任の先生に意見を言ってもいいのでしょうか？

持ち物は私的領域。合理性がなければ
意図を問い合わせましょう。

小野田　質問の答えとしましては、「持ち物などの私的領域については、学校が際限なく規制することはできないので、意見を言っていい」と思います。

この件について、実は5年ほど前から保護者の方々から、「学校の規則が増えて窮屈になってきている」という相談をお寄せいただくことが増えてきました。持ち物などの規律を全員にスタンダード化するやり方は、数値目標管理、ゼロトレーランス方式、などさまざまな呼称と方法があります。もちろん、メリットデメリットもそれぞれにあります。

まず前提として授業には、学びを保障するためのある程度の規律があって

よいと思います。ただ、その考えの延長に、親に対して「ちゃんとこのように子どもを育てましょう」という考え方を教師がもったり、それを家庭に強制したりするのは行き過ぎだと思います。

関西のある市では「家庭学習のスタンダード」として「文科省の結果から、家庭学習が大事だといわれています。○○小では、全学級が共通認識をもって宿題を出しています。ご協力よろしくお願いいたします」「決まった時間に、決まった場所で勉強することが大事です」「1〜3年生は30分程度、4〜6年生は学年×10分（5年生ならば50分）」というように、親に対して基準を示し、それに適応した子どもを学校に通わせるように、というような形に受け取れなくもない風に運営しているところもあります。

こうした、スタンダード化の背後に何があるかというと、実は逆に保護者の側からの「クレームへの対応」を回避するねらいが潜んでいるのです。

□ 質や量について家庭も考えはバラバラ

さらに「漢字ドリル・計算ドリル・本読み・各学級独自の宿題」という宿題の量の規定もあります。それは、「先生によって、日によって宿題の量がまちまちだ」となり、「弟や兄に比べて宿題の量が違うじゃないか」という問い合わせへの予防線です。もちろんこういった質問は、クレームというより「質問」だと私は思うのですが。

本来的に宿題は、その日の状況や学びのリズムを考慮しながら、子どもたちの負担を間近に見ている担任が、適切に裁量しながら出すというものです。この質問に答える手段として、「学校全体／学年全体で決めちゃおう」という流れになっていくと、教師も子どもも窮屈なものになっていきます。

背景には、1990年代以降の塾の興隆とともに、「塾の宿題が多いから学校の宿題を減らして欲しい」という保護者と、塾に行っておらず「家庭での勉強時間のために宿題は多くしてほしい」という保護者がいて、教師が板挟みになる傾向が関係しています。

くま　なるほど。こうした背景がある中で、ただ「決められたことがいやだ！」

と言われると先生も困っちゃうかもしれませんね。確かに、保護者でも意見が分かれるところです。

　ただ、筆箱の中身は指定されてる、というけれど、保護者が厳格に毎日点検しなくてもいい場合はありますよね。質問者さんは真面目で、自分の子供もしっかり規範に沿わせたいと思いながら、その規範自体に疑問を抱いていらっしゃるのでしょうね。小野田先生のおっしゃるように宿題の量などはそれぞれの思いがあるし、他には「何かが一定に決められていること自体がイヤ」という保護者も一定数いますよね。

　私は、基本のルールは決まってた方が子どもが勉強をやりやすいのかな、とも思います。類似の質問でこのようなものも来ていましたね。

　　先生によって、たとえばこのクラスではアニメ柄の文具を持ってきても ok、このクラスはダメとか、すべての基準が結局担任の先生次第です。

　アニメ柄については、例えば、流行りのアニメ柄で鉛筆だけでなく下敷きなどすべての文房具を揃えてくる子がいます。そうなると、揃えてもらえない子が、自分の現状に不満を感じてしまうことがあります。学校がそういうことを回避するために、「柄なし」とか「アニメ柄はなし」ということを決める場合もあると思います。

小野田　特に統一的なルールがなくて、家によって持ってくるものがバラバラな場合「赤ペン忘れた」という子に対して、赤ペンを教師側が準備しておかないといけなくなり負担が増えますので、必要なルールももちろんあります。また、決まりはあるけど、担任が教室内で柔軟に運用している学校もあるでしょう。

　しかし、「忘れ物チェック」というような形で、子供の持ち物をしっかり確認し、忘れ物を減点対象にする学校もあります。罰則と連動したり、評価の対象となったりするのです。

ここで例えば、芯の太さまで「2B」とかに指定されたとき、保護者からすると「なんで芯の太さが評価につながるの」と疑問に思いますよね。かつての「シャーペン議論」とかのように。

　また、保護者が、「持ち物なんて自由でいい、家にあるそれを使えばいい」と思っていても、子供が学校で先生に叱られるから「いや、買ってよ！」と、親子の喧嘩になるのは避けたいので、学校にはそうした持ち物が指定されている事情をしっかり聞きたいですね。

　私は、学校に遊び道具は持ってきてはいけないけれど、鉛筆とか下敷きとかは、**本来は「私的領域」で、何か一つの形状でもって規制するというのは、ありとあらゆる持ち物について波及するので際限がなくなってしまう**ことだと思うのです。ランドセル一つとっても高価で見た目も違うものがあり、「不満に思うクラスメイトがいるから」と「ランドセルのブランド」を指定する、とかね。じゃあ「みんな風呂敷！」というわけにもいかない（笑）。持ち物には家庭の経済状態は端的に影響します。

　こうしたスタンダード化、一番悪い例は、先生も不自由になっているケースです。質問のように学校単位で、1〜6年通じて、宿題は全学年通じて紙何枚とか。こうなると、先生も、家庭科でちょっと裁縫が時間かかったので、残りは宿題にしようと思っても、プリント以外宿題が出せない、というような例も聞きました。融通が利かない。

　誰のためのルールなのか考え、誰かと誰かがwin-winにならず、不利益を被る場合、改善を相談してもいいと思うのです。

　ただし、そのまま担任の先生にぶつけても、決めているのは校長先生だとかが職員会議で決めている場合もあります。極論がまかり通っちゃっている学校も世の中にはあるので、改善に時間がかかる場合もあります。

鬼澤　この話は、結構校則でも話題になりますよね。「果たしてこんなルールは必要なのでしょうか」ということ。法律家から言うと、裁判でも校則が違法とされるのは相当ハードルが高く、こうしたルールについては何かが「違

法」とか「適法」とかではなく、各学校の「裁量」の範囲に入るところです。明確な線引きや正解はないのです。

　では、どうやってベストな解を見つけていくか、というところがポイントだと思います。

　例えば、質問者さんの指示された鉛筆5本などのルールはある意味で合理的なのです。学校が6時間として、授業でたくさん字を書いたら1時間に1本ずつ鉛筆の芯を折っていく……のは言い過ぎですが（笑）、鉛筆を使うペースを考えたとき、1時間1本ずつというのは、使い過ぎでも使わなさすぎでもないでしょう。そう考えると「1時間に1本くらいあるとよい」というのは合理的な説明です。鉛筆に限らず、似たような理由で指定されているものはあるはずです。

　ただ、その指示に対する感じ方として、画一的指導であったり、窮屈に感じたりする場合もあることと思います。では、こうした場合のポイントを整理します。

□「あった方がいい」指定と「ないと勉強できない」指定

　一つは、「そもそもこれが何で必要なの」と感じる場合は、「なんで必要なのですか。なぜ指定されているのですか」とその意味を聞くのが大事です。そして、違反の効果を確かめる。

　例えば、鉛筆4本で「1本足らない」と叱られる例だとすると、これは「あくまでやった方がいい」レベルの指定であって、規制の対象にはならない話です。この鉛筆の本数の例だと、先生も「授業一日受けるし5本くらいあった方がいいよ」という認識であれば、そこまでカリカリと考える必要はないはずです。

　ただ、もしこの文脈が共有できない場合は、「**うちの子は本数で不便したことないのですが、指定されるので神経質になってしまっていまして。少し持ち物についての言い方をやさしくしていただけると助かります**」というような形で伝え方を変えてみるとよいでしょう。

　そこで、先生とどういった形がよいのか、考えの温度差をなくしていける

といいのかな、と思います。子供にとっても、なぜそれが必要なのか分かっている方が、やらされている感覚がなくなり、身の回りの持ち物への理解が深まるでしょう。

　そして、もし、経済的になかなかすべてを揃えられないということや、その他の個別的な事情がある場合、意味を聞いたうえで、そのご事情を丁寧にお伝えする方が、両者の納得解が出てきやすいと思います。

　しかし、それを超えて、「なんで準備できないんですか」とルールを楯に説明もなく強要してくるようなケースでありましたら、一番肝心なのは「子供がきちんと学びを受けられること」が大事だから、「そういう指導の仕方は辞めていただいた方がよいのではないでしょうか」という形で提案していくことがよいと思います。

　校則とかも同じで「不合理だ」と思うことがあっても、作った側には理由があるはずです。ひとまずルールがある意味を聞いた上で、保護者と学校との間で落としどころを考えていくことが必要だと思います。

くま　1年生か6年生か、という発達の段階でも事情は違ってきますね。6年生なら、子供個人の裁量や判断できることが広がりますから、縛り付けるような指導はしてほしくない。でも1年生なら、ある程度ルールがないと鉛筆を持って行かない子や削る習慣が付いていなくて、万全の態勢で授業に臨めなくなることもありますね。

鬼澤　我々でもパソコンやスマートフォンばかり使っていると、ペン持たずに会議に行っちゃうことありますもんね（笑）。

くま　そうですね（笑）。その指定されたものがないといけないものかどうかをしっかり考えるか聞くかした上で折り合いを付ける方がいい気がします。

鬼澤　一つ、アニメ柄の話に戻ると、そもそも誰かがアニメ柄でそれをうら
やむ風土はどうなのかな、と感じます。我々も周りに例えば高級ブランドで
着飾っている人がいたとしても、そこまで羨ましい！　とみんながみんなな
らないですよね。私なんか、「ブランドで着飾られて大変だなぁ」って思う
（笑）。**「人は人だし、自分は自分だな、あなたはあなたでいいんじゃない」
というそれぞれのよさを認めるような価値観があるクラスの方がいいな**、と。
こうした考えを共有できる先生だと、「アニメ柄だから駄目だ」とはならな
い気がします。

　繰り返しになりますが、納得できなかったり、個別の事情で守れなかった
りする場合は、伝えるべきです。そうしたやり取りの中で、保護者と学校の
協力の中で学校の文化は作られていくものであるでしょう。いきなりクレー
ム、ではなく、相談という形で対話していきたいですね。

□ 子どもの安全・健康を守る持ち物は**ルールより優先されるべ
　き**

くま　少し質問からは話がそれますが、持ち物について相談がありました。
お子さんが、乾燥肌でほっておくと唇が切れて出血しちゃうこともあるよう
でした。その方はリップクリームを持たせたい。でも学校は、禁止している
から、持っていっていいのかな。と。その方の懸念は、周りの子が、「あの
子もしてるなら、自分も（お洒落のために）したい！」となって輪を乱すか
もしれない、というところにありました。この方の心配は質問とも似ている
と思いまして、「一個を許すとみんな許さないといけなくなる」のを回避す
る学校の風潮みたいなものを先んじて心配しているような雰囲気でした。

鬼澤　すごく学校に配慮のある保護者さんですね。もちろん、この場合は、
子供の安全を優先すべきだと思います。もしその懸念通り学校に言われても、
例えば個別の病状を言える場合は「クラスの他のみんなに共通理解をしても
らう」ことや、言えない場合は「みんなのいる場所では使わない」などいく
らでも調節ができることだと思います。調子が悪いときに病院に誰かが行っ
たとして「なんであの子だけ病院行くんですか」という子はいないと思うん

です。

　学校にも何かを許すことで悪い影響が波及してしまうことへの懸念についてもしっかりと聞いた上で、お互いで作っていくことができるといいですね。

くま　この方は結局、学校と相談して、リップクリームはOKとなったのですが、結構悩んでいました。こうした悩みを抱えていらっしゃる保護者は、学校ルールで駄目だから！　というところでしまい込んでしまうのではなく、子供の安全や教育への影響を考えたうえで、使用場面を限定するなど、何か選択肢を用意したうえで、相談に行くのがよいですね。

鬼澤　補足ですが、「なぜこういうルールがあるのか」考えるというのは、重要な法教育の考え方です。法律をつくるうえでは、法律を作ることが必要な背景事情（立法事実）が重要です。「法律に照らしてこの事実が違法か適法か」という問題でなくとも、「なぜこのルールが必要なのだろう」と考えること自体が法的な思考につながる考え方だな、と思います。

学校の対応が不満。子どもを学校に行かせたくない気持ちが芽生えました。

　うちの子は、小学校入学以来、殴られたり蹴られたりはないのですが、容姿をからかわれたり、嫌いなあだ名で呼ばれたりしています。担任教師に相談すると「子どもどうしの小競り合いとか摩擦のレベルですから、あまり神経質にならないほうがいいですよ」と言われたので頭にきました。担任と校長は謝罪に来ましたが、通り一遍のものでした。加害および被害の事実経過を調べた報告書と「学校側が全面的に悪い、二度といじめを起こさせない」という誓約書を持ってくるまで、わが子を学校に通わせない状態において1カ月が経ちました。私の行動はおかしいでしょうか？

改めて学校側の対応や説明も聞き、外部にも相談しましょう。
わが子にとって何が「最善の利益」になるかが大事です。

学　**小野田**　全国的に増えている親御さんの行動ケースですね。

　学校の対応に不満があるがゆえに、の決断なのでしょうが、子どもが学校に来ないと、「Q　担任が原因で子どもが不登校に」と関係するところがありますが、学校側は慌てますね。「こうしてくれないと、うちの子を安心して通わせられない」と要求したくなる気持ちは分かりますが、「どうしたらいいだろう」と学校側から私は相談されることが増えました。「誓約書が欲しい」とか「担任を変えて」などの要求については、学校にとってはそう簡単に応じられる要求ではありません。

　まず、質問とは少し距離を置いて第三者的に考えてみます。

こうした保護者は交渉の仕方を心得ているなぁと思います。そして、誰の気持ちを大事にし、誰の留飲を下げることになっているか、と考えると、こうした行動に出ることによって、渦中にある子ども本人の気持ちが置き去りにされて、保護者の腹の虫がおさまるかどうかに終始することに変わっていっていないかどうか、ということは確認していただきたいことです。

　もちろん、先生も便乗してからかったり、注意しても執拗だったりする場合は別です。でも、そうした問題を、その子ども自身が乗り越えようとしている姿勢や気持ちを持とうとしているときに、それでも学校に行きたいと思っているのに、通わせないという形で過剰に介入してしまうのは正しいとは思いません。

□ 本人が「解決した」と思える状況を目指して

弁　**鬼澤**　「学校との交渉をどうするか」とまで考えて居るかは場合によると思いますが、私が相談を受ける中で、学校の対応が不満だから子どもを行かせたくないという相談は多いです。身体・気持ち的に非常に怖い状況で行かせるのは適切ではありませんので、この対応が正しい場合ももちろんあります。

　小野田先生に同じく、結局誰のための相談なのか、ということを考えてみたいです。「○○について学校が改善してくれれば登校をもちろんさせたいけれどもそうでなければ、リスクが高いため子どもの最善の利益じゃない」と言うお話の場合、まずは客観的な状況と本人の気持ちを確認します。

　学校として「子どもたちは、今は会うと、もう嫌いなあだ名で呼ぶことはせず、仲よく遊んでいることもあるし、教師も折が合えばその輪に入って経過観察していた」ような状況の場合もあるでしょう。本人も解決したと思っていることが複数の理由でもって確認されている場合に、もし子どもを学校に行かせないとなりますと、本当の問題は何なのか改めて検討することになります。下手すると虐待を疑われかねません。

　この線引きは非常に悩ましいところですので、お互いの言い分はしっかり伝え合ってから判断することが重要です。またQ「不登校」とも共通します

が、外部にも相談できる機関はありますので、そちらにも相談にいくことも
してみたいです。

　まずは学校の先生に、子どもの家での様子を共有したり、自分が学校に行っ
てみて様子を確認したり、大人みんなで子どもを見守っていく意識を共有し
ていくことは大事だと思います。どうしてもここが共有できない場合は、相
談して一時的に別の出席扱いになる施設に通うなどは手段の一つでしょう。

　暴力が放置されていたり、教諭がわいせつととられかねない言動をやめな
かったりする本当に駄目な例も現実にあります。その場合は行かせない、そ
して改善をなんとか申し入れることが理にかなっています。

くま　学校の対応への不信から、子どもを預けたくない気持ち、分かります。
子どもが困っていて相談に行っているのに「様子を見ましょう」と言われる
とあれー、ってなっちゃいますよね。

　学校に行かせないと決断できる背景には、例えば、低学年の勉強だったら
自分で、フォローできる場合もありますね。ネットでも無料で見られる授業
がたくさんあって、フォローする形もできます。でもそれ以上になると自分
では解けたとしても、自分の時代と解き方が違うっていう意味で子どもに教
えるのが難しいですね。

　ただ、全く意思疎通ができなくなると学校としては、「子どもは元気なの
だろうか?」と気になり、別の対応も視野に入ってしまうということですよ
ね。こうした際のやり取りの仕方は少し難しいですね。

鬼澤　子どもの利益について考えたとき、子どもにとっては「学校に行って
勉強を受けたり他人と交流したりする」ことはメリットが多いと思います。

くま　そうですね。教師や同級生から日常的な暴力など何らかの被害を受け
ていることは改善を申し入れる正当な立場であると思うのですが、ただ、今
回の質問にあるような「二度といじめを起こさないという誓約書」は学校と
しては作れませんよね?

□ 念書は実質的には意味がないことがほとんど

小野田　例えば、いじめの被害者のときに「加害者の〇〇ちゃんを半径〇メートル以内に近づけない」という念書を作ったとしましょう。ただしどこまでいっても「学校」ですから、二人が偶発的に近づくことはありますね。よくありがちなのは小学校では、被害者が自ら加害者の方に近づいていくことです。

　緊急避難的に席替えをして距離的に離す、注意深く担任が見守り、制止行為をするなど、可能な手段は講じられるべきなのですが、無理なことはあります。

鬼澤　他方、そもそも学校には書面で回答すべき義務があるわけではないですし、先ほど小野田先生がおっしゃられたような、学校としてできないことは書面では書けません。そうすると保護者の要望の内容によっては、学校としては当り障りのない書面を作成することになってしまいます。何を求めているのか、そしてそのことに意味があるのか、慎重に検討が必要です。

くま　そうですよね。念書などで物事を進めようとしても、それは結局納得するための感情論の域を出ない気がします。私だったら、子どもを通わせる方向で進めて、具体的にはある程度の期間、私が一緒に学校に行くかな、と思います。子どもが行きたいと思っている場合は、行かせないというのは逆によくないことだと思うのです。

□ 一度素に近い学校現場を見てから判断したい。

小野田　保護者が子どもと一緒に、一定期間学校について行ってみる、というのも一つの解決の方法だと思います。もちろん、それができないとか、お忙しいご家庭が多いことはありますが。

　いじめが起きている場合で、「子どもを見守りたい」「学級がどうなっているのか、授業参観日とは別に見に行きたい」と申し出られる保護者は増えています。その場合、学校は拒否できませんので、「どうぞ、いらしてください」となります。親の不安を解消したい、という思いは、教育現場でも強くなっ

ています。

　ただその際は、教室のうしろだとか、廊下から見守る形ですね。保護者の見学が子どもたちにとって威圧的にならないように、全体的な様子を観察して、そこで気づいたことを担任の先生と話をするようにすると、一緒に具体的な改善策が見つかることが多いと思います。

　少し話がずれるかもしれませんが、「Q　私ってモンペ！？」の項目で「ヘリコプターペアレント」という言葉を紹介しました。親御さんの方が子どもと離れたくなくて、過干渉になっているケースもあります。私が複数の学校で聞いた例ですが、給食も親御さんが子どもと一緒に食べている場合があります。

　保育園・幼稚園では、母子分離不安から子どもがどうしても登園をぐずる場合がありますね。最近は「心配なら、一緒にいらっしゃいますか」と提案しているケースもあるそうで、小学校でもそうしてもらうのが当たり前、と思われる保護者の方もいらっしゃいますね。

鬼澤　法的に言えば、学校の管理権は学校側にありますので、学校の裁量はとても広いと思います。ただし、だからと言って全面的に拒否している学校ばかりかというとそうでなく、不安をどう対応するか、ということで一緒に考えていくようになる形で受け入れているところもありますね。

　保護者も嫌な人だと思われたくて学校に要求するわけではないはずです。例えば、落ち着くまで保護者さんに放課後数分、学校の様子を報告するなど保護者に可能な限り情報を提供する方法を探りたいです。学校の先生もここで、毎日学校に来る際に案内をすることと、電話をかけることなどを天秤にかけていくと思いますので、折り合いのつく関係を探してくれると思います。

　本当は何を求めているかを、今一度整理してから学校側と話をし続けることがよいですね。

□「小１ギャップ」など単に学校だけの問題ではないことも

小野田　先生は30人学級だったら、どうしても30分の１で子どもを見ます。

でも親は1分の1でわが子を見る傾向が高いですね。黒板の方を向いて板書しているときに、わが子が別の子に何かされている場合、「なんできちんと見てくれていないんですか！」となる気持ちは分かります。親と同じように、その子だけを見るには限界もあります。

　トラブルの継続が確認されたらまずは、席を離す。あまりにも他の子に妨害しているなら加害の子を、その親を交えて面談するし、もしそれが発達の課題であるのなら、サポートの職員を付けるなど、学級の見守りを複数の態勢にする。あるいは集団として学級崩壊的な現象になったときには、ティーム・ティーチングのような形で二人担任制を組むなど、課題解決に向けて取り組んでいる学校はたくさんありますね。

くま　発達の段階によって、対応は変わるという前提で、周りであった話をさせていただきますね。この質問は1年生なので、まずそこから考えましょう。

　保育園幼稚園から出たての子どもが「学校の先生が怖い」ということは実際によくあります。理由は先生の「見た目が怖い」「言い方が怖い」などさまざまです。特に最近保育園・幼稚園で、妥当な理由がある際にも、叱って指導する先生は減っていることもあるのか、「小1ギャップ」はしっかりあって、より顕著に感じるようです。私の保護者としての経験では、怒ると怖いのでしょう、クラスに2〜3人、本気で怖がっている子がいました。

　先生に限らず、「〇〇君が叩いてきて行きたくない」ももちろんあります。それは教師と子ども間、子どもと子どものコミュニケーション不足だけで、一度話をするなど、親しみをもてれば解決するケースもあると思います。先生がほったらかしにしていなければ、こうした場合はそこまで深刻に捉えなくてよいと思うので、お子さんと話してその怖さをうまく言語化させてあげることが第一歩です。ほかに学童に慣れない、という場合もありますね。

小野田　保育園や幼稚園では「自由保育」が提唱されたことで、全ての活動を「みんなで集まって〇〇の時間だよ！」といった設定保育（一斉保育）で

はなく、ある程度、みんなが好きなことをしていて、そこに先生が入っていって遊びの中で、さまざまな力を付ける形になってきました。

そうした環境から小学校に入学すると、「チャイムが鳴ったら着席する」などの「作法」みたいなもののある「規律文化」に入るということで、「小1ギャップ」の問題がありますよね。この規律にすぐに適応しにくい子はもちろんいます。

また、たくさんの幼稚園から集まってくる場合、知り合いが少ない子が多くなりますので、環境の変化への適応の難しさもあります。

こうしたことから、できるだけ小学校1年生の担任には、ベテランで物腰の柔らかな先生を配置する学校もあります。ただ今は、先生たちの大量定年退職、そして大量採用の入れ替わりの時期でもありますから、必ず期待できることではないですね。

□「学校がある」意味について再考

鬼澤　また、「学校に行かせない」を考える際には、「そもそも学校って必要なのですか？」という視点から考えることは重要なポイントになると思います。義務教育について、憲法に就学義務がありますので、行かせないと親が違反しているのではないか、という話がありますが、厳密な法的議論はともかく究極はちゃんとした教育が確保されていればいいということです。

制度的な建前で言えば、公立私立など国が認めたところだけを学校とするということがありますが、同じ教育が達成されていればフリースクールや、またモンテッソーリ教育などの独自の少数精鋭教育を行う学校も生まれてきています。そうした学校が、いわゆる普通の学校と何が違うのか、と考えると、そうした学校の方が手も行き届いている場合がありますし、よい所もあるでしょう。どこまで学校として認めるのか、認めないのかというのは今まさに揺らぎが出てきているところです。

その上で、学校教育上の「学校」ではない民間施設に通学し、学習したことで「学校に出席したことにする」という形で「学校の側から教育の範囲を拡張していく」流れはあると思います。

現状、フリースクールやオルタナティブスクールへの財政的援助というのは、憲法89条で「公金その他の公の財産は、……公の支配に属しない……教育の事業に対し、これを支出し、又はその利用に供してはならない」という条文があるので、なかなかダイレクトにそのまま支給するというのは慎重な対応が必要です。そうなると受講生側の負担が大きくなってしまいますが、バウチャー制度とかを使って、フリースクールやオルタナティブスクールの制度的な位置付けを確立していく、学校化していくような流れが少しあります。

□ 公立は「ヒト・モノ・カネ・情報」の保障する制度

こうした、認可外の教育施設を考えてみて、改めて公立学校のことを考えると、公立学校において重要なのは、「ヒト・モノ・カネ・情報」が行き届いていることだと思います。例えば、体罰を容認するスクールとか、一般常識からかなりかけ離れたものを公教育と言っていいのかというと、さまざまに意見はあると思いますが、公教育にできるかというと線引きが必要です。

公立学校は、カリキュラムがちゃんとあり、施設が準備され、予算が確保され、人は当たりはずれはあるかもしれませんが異動の仕組みなども踏まえて質を確保できている。その品質性で言うと、アメリカとかと比べると日本のシステムは優秀だと言われています。その意味で教育の機会確保という意味では重要だと思います。

公教育に何を求めているのだろう、ということも根本的には問題になってくると思います。

くま なるほど。安全に教育を受けられない場合は、それを伝えるべきですよね。学校がこうした機能を果たしていない場合は相談にいくべきだし、もしかしたら子どもが、まだ言語化できていない部分の不安などもあるかもしれません。行かせないというのは緊急的な対応で、何かを交渉するための手段とするのはやめておくべきだと思いました。

個別的な案件には答えられるわけではありませんが、どの学校でも、誰も

が安心して学校に行けるようになったらいいな、と感じます。

素行の悪い友達と子どもが仲がいい。心配です。

学校の女子にグループがあるようで、娘が少し疲れきっているようだ。たまに娘から相談をうける。でもグループから抜け出せないようで、作り笑いをして遊んでいる様子だ。放課後4人とかで集まって楽しそうにしてる

けど、会話をよく聞いていると「あいつむかつく」と人の文句を言ったり言葉使いも悪く、このグループに娘をそのまま入れておいていいのか気になる。だけど小規模校なので、クラスも2クラスしかなく、友達も限られている。

どうすればいいのか。娘がすごく気を使ってる様子を見ていてかわいそうになる。

子どもの希望を聞き、学校での様子を聞きましょう。
それでも抜けたがっている場合は、一緒に関係改善の道を考えたいです。

学　小野田　1つの視点として、「子どもにとって魅力的な子が、親にとってそうでない」という見方ができる場合があるんですよね。

もしくは最初は対等な仲だったけれど、一緒にいるうちに若干の上下関係ができあがってくるなどの場合もあります。こうしたいびつな関係を続けているうちに、ルールから外れた行動につながりさらに厄介なことになります

ね。くまさんの周りや仕事上遭遇するケースはどのような状態があるのでしょうか?

保　くま　多種多彩ですね。1個言えるのは、「うちの子が悪い子に影響されているのですが……」という場合に、いろいろ周りの子に事情を聞いてみると、「いや、この場合はそもそもおたくのお子さんも随分悪いよ」ということもあります。素行の悪い子がいるから自分の子も悪いんだ、という論理ではないケースがあるので、「わが子はよい子と絶対的に信じる」のは避けた方がいいかもしれません。子ども同士とはいえ、継続する関係は流動的で複雑な要素が絡んでいるからです。

　その前提で、実際に、発言量や学力、その他の要因で上下関係が付きやすくなっている教室はありますね。もちろん、一概に悪いわけではなく、どのクラスも一定の固定的なグループには分かれますよね。

□ すぐに教師の介入やクラス替えは難しい

　例えば子どもが関係は続けたいけれど不満が多いという場合は、「悪口はよくないよ」と友達に伝えて、文句ばかりのネガティブな状況を乗り越えるよう促すことは難しいでしょうか。**摩擦はあるだろうけれど、よりよい人間関係を学んでいく**機会と考えられるかもしれません。

　かたや、そうした悪口を諫める言動がきっかけでいじめに発展してしまうケースもあるので、気を使ってやり過ごすというのもある意味で関係を続ける上で大切な選択になってしまっているかもしれません。

　学校からすると、この「悪口は嫌だけど、気を使いながら子どもが交友を続けている」状況は、いろいろな内実があってよくあることに分類されると思うので、転校やクラス替えなどを学校に進言するのは現実的な解決策ではありません。

　まずは担任に、**「最近子どもの言動が悪く注意したら、『みんな言ってる』とのことです。少し関係などを教えてくれませんか」**「あまりに粗い言葉使

いは家庭でも注意するので学校で使っていたら先生も注意してくれませんか」など相談していくことがよいでしょう。先生は子どもたちのグループ関係については把握していることがほとんどです。

　一概に子どもの発言を聞き入れるのではなく、学校での様子を先生に聞いてからの方がいい。保護者はずっと後ろをついて回れるわけではないので。メンバーとの関係とか聞かないといけないですね。

　言葉使いもまた世代間で重みが全然違う言葉もありますから一概に、「言葉使いが悪いから素行の悪い集団」とも言えないのが現実だと思います。あまりよいとは思いませんが、ゲームとかで体験してしまうので「殺す」とかの言葉を気軽に発言する子も多いですよね。

弁　鬼澤　個人的には言葉の悪さって所属するコミュニティによるところが大きいと思います。なので「口が悪い」から「交友を絶った方がいい」と考えない方がいいでしょう。もちろん、言葉の悪さを肯定しているわけではありません。

　さて、自分が子どものそうした状況を確認した立場だったら、本人が抜けたいのであれば、一緒にどうやったら抜けられるかを答えが出なくても考えてあげます。抜けたい気持ちと抜けたくない気持ちを整理してあげて、くまさんのおっしゃるように、ポジティブな関係になりそうだったら、「少しずつ悪口をやめようと言ってみる？」とか提案する形ですね。

　言葉使いだけでなく、物を壊すとか悪口を言うとかの人を傷つける行為を、その集団にいると一緒にしちゃっている、という場合は、子どもがそうした話をしながら罪悪感を表している際に都度話を聴き、一緒に考えていくほうがいいですね。悪口を言っているという情報が入ったときは、聞いてみる方がよいでしょう。もしかしたら、子どもは被害者で、ののしられている可能性もあります。学校に相談する、ということについては、学校としてはいろんな情報が入ってくること自体は、トラブルの未然防止などの観点から歓迎するだろうと思います。

□ **子どもは無菌室では育てられない。**

□ **多少のいさかいが成長のきっかけになることも。**

ただ、一点気を付けたいことがあります。子どもは親とは別人です。こうしちゃダメ、この子と絶対付き合っちゃダメ、というのではなく、**本人のよりよい意思決定につなげていく**ことが大事です。

子どもが所属するグループの言動が被害者を生み出しかねないリスクがある場合は、そうした集団の言動がどういうリスクにつながるかについて話し合い、その子の意志で回避するか決めることが大事です。そのために先生と情報共有することが大事だと思います。

小野田 「スクールカースト」という言葉が一時期から意識されるようになりましたね。俗にいう「一軍」「二軍」「三軍」というような関係は確かにあるのでしょう。

今回の特定のグループというのは、社会学者の土井隆義さんが「キャラ化する／される子どもたち」という分析もしています。パワーバランスについて分析するのは非常に難しい。集団がそのバランスを保つために、誰かをおとしめている場合は早急に改善が必要でしょうが、ある意味、そのグループに所属することで安心感を得ていることがあると思うのです。

くま やな人がいて疲れるな、気を使うな、とかいうのは私たちもあることですよね。でも、仕事上不利益がないし付き合いをやめるまではないな、というような判断をしていることもありますね。

小野田 子どもを無菌室で育てることはできません。また、それが親の目には嫌なものかもしれませんが、子どもは自分の友達を自分で選んでいます。ボーダーを超えそうな危なさがある場合、しっかりとその交友を続けることの意味について対話する必要があるでしょう。

子どもが友達をけがさせてしまった。
治療費などの仕組みを知りたい。

先日、うちの子がイタズラをして、同じクラスの前の席の子の椅子を引いてしまい、腰を床に打って骨にひびが入ったそうです。その子と親御さんにはすぐに謝罪をしたのですが、今後の治療費などについてはどのように支払っていくことになるのでしょうか?

Answer

学校内での「けんか」は給付金の対象になることもある。
まずは状況を聞き、謝罪をしにいきましょう。

学 小野田 まずは、相手の状況を確認し、謝罪することから始めましょう。

その後ですが、子ども同士の「けんか」などのやり取りの中での事故においても、学校での事象ならば、治療費が5000円以上になる場合、独立行政法人日本スポーツ振興センターより4割の補助が出ます。保険治療が3割負担なので、お相手は1割上乗せされて給付を受け取ることが出来ます。

子ども同士のやり取りの中でのけがについては「特に悪質な加害行為」を除けば、「学校の安全配慮義務に落ち度があった」ということで、請求できる制度なので、けがをされた相手がこの請求をされているかを、学校に確認しましょう。

日本スポーツ振興センターの手続きについては以下のHPをご参照くださ

い。

https://www.jpnsport.go.jp/anzen/saigai/tabid/56/Default.
aspx

　大事にしたいことは、けががどのような流れで発生したかを他の人にも確認することです。お相手の言い分も聞き、子どもの言い分も聞く。可能ならば、先生や目撃していた子にも聞いて、どういう状況だったのかを確認しておけば、謝罪もしっかりできますし、変なトラブルに発展する可能性も少なくなるでしょう。

弁　**鬼澤**　治療費をめぐって係争になるのは避けたいですね。子どもたちに事情を聞くうえで、気を付けるべきことは、くまさんありますか？

□ 事情を聞くうえで、学校にも協力を。子どもへの聞き取りは注意も。

保　**くま**　子ども同士でけがをした、けがをさせられたということは、本当によくありますよね。もちろんわざとじゃないことが多いです。

　保護者だけで子どもたちの言い分を整理することは難しく、第三者がいると話が進むので、そのために先生に相談するべきです。

　まれにですが、どちらかが「本気で思い込んでいる」こともあります。自分でつまずいたのに、たまたま横にいた子に足を掛けられたと勘違いしていることもあります。こうしたときには他に見ていた子どもはいなかったかなど状況を確認すべきです。もし第三者がいないとしても先生に入っていただいて可能な限り整理してもらいたいですね。

　間違った情報を真に受けて、誰かを批判することは、お金もそうですが、それ以上に失うものが多いと思います。

　いじめ問題などでもそうなのですが、保護者の子どもに対する圧力が強い家庭では、子どもが本心ではなく保護者の言いたいことを代弁してしまうこともあるようです。

鬼澤　子どもの言い分は受け入れたうえで、どう判断していくかは難しいで

すね。

くま　ひとまず、自分の子どものことを信じてあげて欲しいな、と思います。「そうだったの」と受け止めてあげてください。そのうえで裏でしっかり先生らにも確認し、「謝りにいこうか」などと進めていくべきでしょう。

　お互いに非がある場合でも非を認めるとお金を払わないといけない、という論理から謝らなくなる親もいます。こうなると差額の治療費をお支払いするだけでは済まなくなってしまうことだってあるでしょう。

　また、これは解決の直接的な要素ではありませんが、治療費以外にもいろいろとかかる費用もあります。病院に行っていたら、お相手の保護者は会社を休んで迎えにいったかもしれません。正解はありませんが、治療費だけを払って終わり、というような形では禍根が残るでしょう。逆の立場に立って、謝罪の際などにそうした懸念を伝えるなどして、なるべく禍根を残さないことが大事でしょう。

□ 一通りのやり取りで相手方と合意できない場合

小野田　さて、事態がさらに複雑になって、治療費をめぐって係争になる例も最近耳にします。以下は、係争になってしまった場合を考えてみます。

> 　治療費は私どもに10割請求すると言われました。学校に「災害共済給付があるのではないですか？」と尋ねると、相手の親御さんが「学校の管理責任は問わない。加害者側に100％の治療費と慰謝料請求をする」と言っている以上は「第三者加害行為なので、当事者どうしで話し合ってください」と言われました。どういう意味なのか、教えていただけませんか？

小野田　10年以上前は稀でしたが、最近色々なところで、子供同士の小競り合いの中でのトラブルで、擦り傷等のけがをした場合でも相手側に請求するという例が出てきています。

　こうした対応の背景は複雑なことが多いです。親御さん自身の過去の泣き

寝入り体験もあるかもしれませんし、相手の子どもを敵視している場合もあります。また、周りに誰か弁護士さんの知り合いなどいることで、法的に請求するなどのステップにすぐいくこともあります。身近にいなくても、ネットで検索すると「被害者に請求するべき」など書いてあるサイトもありますね。

　本来は互いが事情を伝え合ってから進めるべきですが、いきなり治療費などを請求する書面が届く、謝罪することすら拒絶されたというケースに遭遇して、うわぁ、となっている保護者から相談を受けたこともあります。

　ここからは、もちろん個別の事案によって変わってきます。お子さんが、悪意があってけがをさせたなどの場合は、警察なども関わってくる事案になるでしょう。

　スポーツ振興センターの給付が得られる「けんか」の範囲内であっても、「いや、悪意がなかったとしても許せない」「加害側が全てを支払うべき」と、慰謝料を請求するようなケースもあります。医療費を払い、その全額と慰謝料を加害児童側に請求するということです。加害児童の親のもとに、ある日突然弁護士から書面が到着し、これは「第三者加害行為」にあたるのでスポーツ振興センターは通しません、と書いてあったりします。

　このように被害者が、「第三者加害行為」として処理したいと強く主張された場合、「学校は関われない」のです。加害とされた児童の親は、「どういう風に相手に交渉すればよいか、学校が教えてくれませんか」と懇願されることもありますが。鬼澤先生、いかがでしょうか。

□ 給付金が得られる事案なら、提案したいところ

鬼澤　そうですね、まず、直接的に災害共済給付を第三者加害行為だから使いたくない、ということは私にいただく相談の中に多くあるわけではないです。ただ、こうした件は、事象や関係者によっては少し複雑になりがちなところなので、被害—加害が認定されそうなトラブルは整理しておく必要があると思っています。

　今回のお話だと、お相手がスポーツ振興センターの在り方をどう理解して

いるか、というところは大事ですね。そもそもスポーツ振興センターは、学校の責任などを問うものではなく、学校の管理下で起きた事故について補償されるものです。学校側の過失などは関係なく、支給されるものです。

そこでは、小野田先生がおっしゃるように、第三者加害行為についても言及されていて、児童生徒同士のけんかは「特に悪質な加害行為を除き、被災児童生徒の救済という観点からセンターが給付を行い損害賠償の求償権の行使等を差し控えること」とされています。

法律的には、この給付金の申請は、契約の一種なので、使わなくてもいいものです。でも使えるのにあえて使わず、直接加害とされる側に請求するというのは、混み入ってきますね。請求された側から相談を受けたとすると、あとは法律的に、損害額の算定について交渉していくしかないのかな、と思います。

私としては、スポーツ振興センターの給付を受ければ、一部は出るので、その分の損益相殺を主張すると思います。

係争になるのであれば、相手方が主張している事実の内、どのあたりはお子さんが認めているのかを聞き取る。学校は直接窓口にはなりませんが、子どもの聞き取りの結果を聞くなどして、これは事故だ、というなら払わない方向になるし、殴ってた、とかであれば、ある程度は支払いを覚悟しなければならないと思います。

小野田 ひとまず、スポーツ振興センターから治療費の４割が後で給付される状況であるならば、それは申請していただき、そのほかの差額について話し合いによって納める方向にもっていきたいところですね。

鬼澤 こうした場合、どこまで厳密に請求を行うかですが、弁護士が入る前から気を付けていただきたいこととしては、相手が言っていること全部認める必要はなく、子どもの言い分もちゃんと聞いた上で、対応するということです。子どもが加害を認めているなら誠心誠意謝るべきですが、「こういうこと言われているけど、どうだったの？」と確認した上で、何を謝っているのかを明確にしておくべきです。

謝るなら謝る、払うなら払う、というのは、事実をはっきりさせてからだ

と思います。

「この子どものけがで家庭内に亀裂が走り夫婦関係が悪化した、これも全部あなたたちのせいだ」、など言われると、それは違うでしょう、ということですね。

また、謝罪を受け入れない、というのはその人次第なので、受け入れられないことを憤るよりは、謝罪したいという意思を明確にしておくことは大事です。

小野田 結論的に言えば、故意や過失の度合いによっては慰謝料などを支払わないといけない場合もあります。

わが子に対して、背景事情と行為の実際がどうだったのかを聞いて、今後はどうしていったらよいのかと諭すことが大事です。一方的にかばうのでもなく、極悪非道の犯罪者みたいに叱り続けたりすることもないようにしたいですね。

ちなみにスポーツ振興センターについては、日本独特のシステムともいえます。日本の場合には、1959年の学校安全会法までさかのぼるのですが、親御さんが3分の1、自治体が3分の1、国が3分の1を出し、その拠出金で運営される共済制度をつくったのです。

それで基本的に、学校で起きた事故や病気はこれで賄おう、としてきたわけです。複数の子供が絡む案件であっても、この災害共済給付金を適用する形で、運用がなされてきています。

学校の健康診断で再検査と言われたけど、専門医を受診したところ「異常なし」だった

　学校の健康診断結果を子どもが持ち帰ってきて「目について要再検査」と書いてあり、「専門病院で再受診してください」とありました。病気の発見したんだったら、学校で治療をしてもらえるんじゃないのですか？

　（上記に関連して）専門病院に見てもらったところ「異常はありません」と言われました。そのために私は会社を休まなければいけなかったし、治療費もかかりました。これって「誤診」じゃないですか？治療費を学校に請求できませんか？

Answer

学校の検査は「スクリーニング検査」に当たります。

学 **小野田**　学校の検査は「スクリーニング検査」であることを押さえておきましょう。「ふるい分け検査」とも言います。

　病気の疑いがあるお子さんを見つけだすことを目的とする診断です。きちんとした診断をここで出している訳ではありません。発症が予測される対象者を学校の中から選別することをしてくれています。

　会社の健康診断と同じで、結果的に専門機関を受診したら何もなかったということもあるんだ、結果が出て安心した、というように受診側の姿勢を変えておく必要がありますね。

保 **くま**　基本的な考え方としては、普段の様子を学校でも家庭でも見て、心と体の状況を一緒に見守っていきましょう、ということですね。

　ただ、検査で「病院をいついつまでに受診してください。その診察結果を学校に提出してください」と言われると結構親としてはプレッシャーに感じ

るんです。これは！　と思って、休みをとっていってみると何もない、というと若干肩透かしに感じるのは否めないですね。

　早期発見につながるので、こうした検査自体は本来は大変ありがたいはずなのですが。

小野田　そうなんです。「学校での検査がミスなんじゃないのか」「治療費が無駄になったじゃないか」ということをおっしゃられる気持ちは分からなくもないのですが。

弁　鬼澤　もし検査が何かおかしい、と思う場合、学校相手ではなく、専門機関に聞いた方が詳細が分かるかもしれません。

小野田　ほかに病院が関係することとしては、学校でけがをしたときですね。スポーツ振興センターの給付金については、別項（74P）で詳細を述べます。

　けがをしたとき、例えば、「校区外の遠い病院に救急車で行ってしまって迎えに行くのが大変だった」とか「あまり評判のよくない病院に連れていかれてしまって不服」などの話は聞いたことがあります。

　そういった気持ちも分かるのですが、学校としてはこうした場合にどのように進めていくか事前に決まっているのですね。救急の場合は、近くの救急指定病院を順に当たっていくでしょう。そのフローは、入学時などに説明されることは多くなっています。

登下校が不安！子ども一人で大丈夫かな。
通学路は誰の管轄？

・登下校で1人にならないか不安です。事件や事故に巻き込まれないように何を伝えておけばいいのか悩みます。

・下校後、子ども同士で遊ばせることに不安があります。近所の公園ならまだしも、お友達の家に行くとなると、不

安を感じます。コロナ禍の影響でクラスメイトのママを全く知りませんし、連絡網もありません。もし娘に仲良しのお友達ができても、そのママと連絡先交換ができなければ「勝手に遊んではダメ」と言ってしまいそうです。

・2年生の娘が、1人で公園に遊びに行きたがるようになりました。これまではどこへ行くにも必ず親子で行っていましたが、小学生になり、子供一人での行動を見守る時期にきていると思っています。親としては心配でしかたありませんが、子供どうしの活動や、娘の個人的な世界も広がってほしいと思っています。注意しておいた方がいいことや、安心グッズなどあれば知りたいです。

Answer

基本は寄り道NG。遊ぶときは所在を共有するルールづくりを。

保 くま　登下校、心配な質問多かったですね。学校が全部面倒見てくれるわけではないことは分かっていても、安全に帰ってこれるのだろうかとか、

帰り道で友達と遊ぶなどの自由な時間は確保してあげたいけれどトラブルの原因にもなりそうだ、と思うとやっぱり心配です。

□ 基本的には通学路は学校の管轄外　安全確保の取組は進む

弁　**鬼澤**　登下校時、不安ですよね。法律的に言えば、登下校のルールを「誰が決めるか」明言できるかというと微妙なところです。学校には、教育活動にともなって、「児童生徒に対し、生命・身体の安全を守る」という安全配慮義務がありますが、敷地外のところをどこまでも管轄できるかというと、限界はあるわけです。

　ただ例えば、スポーツ振興センターの災害共済給付支給の対象には、「学校（保育所等）の管理下における児童生徒等の災害」として「通学中」の災害も含まれるわけですね。

　加えて、平成25年に文部科学省などが、各自治体の教育委員会学校安全主管課長など宛に出した「通学路の交通安全の確保に向けた着実かつ効果的な取組の推進について」の依頼（文部科学省、国土交通省、警察庁、https://www.mext.go.jp/a_menu/kenko/anzen/__icsFiles/afieldfile/2019/09/12/1421132_02.pdf）では、「通学路の交通安全の要である皆様におかれましては、別紙を参考に各地域における関係機関の連携による継続的な取組が推進されます よう、御配慮をお願いします」とあります。その別紙には、安全確保についての学校や教育委員会、地域の方々で点検、対策、効果の把握、改善という、安全な通学路のためのPDCAを回していこうなどの内容です。

　法律的に、施設の管理責任の面から捉えると、通学路は管轄外になりますが、こうした通知上は、学校が安全確保に取り組むべきであることになっています。

　一方で、海外では学校の外に一歩でも出たら管轄外だ、というところもあるそうですし、昨今の学校の働き方改革の視点からも、正直学校が手を出さないこともありだと考えることもできるでしょうし、実はなかなか難しい問題です。

少し話は変わりますが、例えば幼稚園の散歩中にその列に車が突っ込んだ事故が起きてしまった場合、その幼稚園が批判されるような言説も見られました。通学路に不審者が出た、という場合「学校は何もしないのですか」という問い合わせも学校にはありますよね。こうした世論の中で、はっきりと「学校の管轄外です」と言いにくい面もあります。

　最終的には、登下校について、学校か保護者のどちらかが一方的にルールを決める権限はないので、話し合ってよいものにしていくことがよいと思います。明らかに校門の目の前で事故が多発しているのに何もしないというと、安全配慮義務の視点からも、「それは改善するべき」となると思いますが、登下校のルールを守らないから子どもや保護者の不利益にされることや、登下校の安全を全て学校の責任とされるなどの現状があるのならば、一度立ち止まって考え直す必要がありますよね。

学 **小野田**　スタンダード化の話（53頁）がつながってくることがありますが、「○○君が、登下校の道から逸れて帰っていました」という情報が入ったとき、その子が非難されることがあるのですね。

　鬼澤さんが言われるように、スポーツ振興センターの補償対象や、安全な通学路の確保の通知の関係で、交通量の多い所を避けるようにする登下校ルートを、学校要覧などの中で地図に示している学校も増えてきました。

□ スポーツ振興センターの補償は、寄り道だと支給されないことも

鬼澤　一点、事故が発生してしまったケースを考えた際には、ちゃんとした通学路で帰っていないと、スポーツ振興センターの補償の観点でみると、補償が出ない場合があることは頭に入れておいたほうがよいでしょう。基本的に通勤中の労災と同じで、家と会社をつなぐ決まったルート上であれば、労災になりますが、明らかに別の場所に行っている場合は労災にはなりませんから。

　「どこを歩こうが君たちの自由なのだけれども、変な場所でけがしても補

償されないことがあるよ」とは、子ども相手にはうまく伝えにくいところですが（笑）、はっきり言っておきたいことの一つだと思います。

くま　なるほど。事故が起きたときの補償などのことを考えると、一定のルールを子どもと作っておくことが大事ですね。どんな約束をしておけばよいでしょうね。

　質問では、放課後の遊びのこともあります。実は「誰かと遊んでてどこにいるか分からない！」ということは結構耳にします。遊んでる友達の保護者のことを私が知っていればある程度情報交換もできるのですが、遊び相手の保護者と面識がない場合は、夜遅くまでその方の家で遊んでいても、情報は来ないわけで不安です。また、こうした放課後の子供同士がけがさせたり、トラブルに巻き込まれたりした場合、相手の家庭と関係をつくるところからはじめないといけないですよね。

小野田　個人情報の扱いは難しいですが、連絡網は最低限必要ですよね。平成15年の個人情報保護法の成立の際に、連絡網が作れないなどの混乱が発生しました。厳格に運用したところで、悪用したり、廃棄したりする人は全くいないわけではありません。ただその場合は行為を禁止して処罰することとして対処すべきであって、必要なものをなくすのは非合理的なこともあります。

　総務省は「利用目的を特定して同意の上での使用すること」や「安全に管理する」「無断で第三者に開示しない」「訂正、追加又は削除を請求することができる」などの決まりをガイドラインなどで発信しています。

　登下校時の子どもの、例えば家を往来するなどのある程度の自由な活動を保障したい気持ちがあるのならば、連絡網はセーフティーネットとして欠かせないものだと思います。

　昔は近所の人は顔見知りで、挨拶がてら情報交換することもありましたが、今は二極化というか、取らない人は一切取らないし、取ろうという人はSNSとかでつながっていつでも連絡し合える関係を作っている場合があり

ますね。人間関係はトラブルのもと、と考えると、むやみに連絡を取りたくない気持ちは分かりますが、子どもの過ごしている世界への無関心が、より大きなトラブルにつながりかねません。

　実際、そうしたガイドラインを確認した上で、法律の趣旨を理解し、より適切に連絡網を運用する保護者や学校も出てきています。不十分な連絡網になってしまうなど家庭間で緊急時に迅速な意思疎通ができない場合、登下校時や校内のケンカなどのトラブルの発生時に機能しませんので。

□「誰とどこで何をしたか」を簡単に確認しておく

くま　そうですね。子どもが学校外で、誰と遊んでいるのか、何をしたのかについて、ある程度把握する必要があるのですね。

　単純ですが、18時になって帰ってこない。ある程度いつも遊ぶ知り合いの人に聞いてみたけど分からない。この次学校に聞いてみても分からない。となると次はもう警察に連絡するしかないんですよね。

　蓋を開けてみれば、ただ誰かの家で時間も忘れて遊んでいただけ、というシンプルな場合が多いのですが、いろんな人を巻き込んでしまうので。

小野田　子どもは私たちが想像するのとは違う世界に生きていることを、忘れてはいけませんね。クラスや学級を超えて、いろんな繋がりをもっていると、大人の見る世界よりも広い世界を生きていることもあるでしょう。

　いまは携帯を持たせている家庭もあって位置情報が分かるときもありますが、電源切っちゃうとだめだし。プライバシーの配慮と、子どもの自由な交友関係はバランスが難しいですね。

くま　こうした登下校のトラブルを回避するには、家に行くなら、基本的には一度帰ってきてから出かける、のような決まり事を共有しておくことが大事ですね。

　そして帰ってきた後も、誰と何をしたかを簡単に確認しておく関係でいることが重要で、そうした習慣を共有したいですね。

鬼澤　子どもに自宅の連絡先をもたせるのもありですね。法律的には学校は各自治体の個人情報保護条例に従う必要があり、その例外事由は極端に制限されているので、連絡網が不完全だとしても、なかなか連絡先を全員に共有するということを強制するのは難しいです。

　となると、一番自分の情報を知っている子ども本人に、「おれの自宅はこだよ」っていうのを知らせてもらう仕組みがよいですね。

くま　はは、そうですね（笑）。

鬼澤　ただその場合、子どもに個人情報をもたせるリスクも考えないといけません。子どもが知らない人にその個人情報を渡してしまうかもしれないと考えると、「友達の家に行ったとき、向こうの親にお願いして電話をかけてもらう」「見ず知らずの人には渡さないが、道に迷ったときは、近くのお店などで電話を貸してもらうことをお願いする」などしっかりルール化にしておくことが大事でしょう。

くま　友達の家に遊びに行って、アイスを食べさせてもらったら、「アイス食べさせたのに何の御礼の言葉もない」と思う方もいます。子どもには友達の家に行ったら、何をもらったのか等確認して、御礼するような温かい関係を築いていきたいですね。

　私は羽目を外さなければ子どもの好奇心に任せて、自由にしたらいいと思うのですが、人の家にあがっちゃ駄目というルールの人もいるので、そういう考えもあるのだということを子どもにも伝えたいと思います。

小野田　追加して、集団登下校についての悩みも私のところに寄せられます。

　いま、私の子が通う小学校では集団登校になっているのですが、「交通事故の危険性から集団は危険だ」とか「旗を持って指導する子どもが威圧的でトラブルになったりする」ということで廃止してはどうかという声が PTA であがっています。これは親たちが決めることでしょうか、それとも学校が決めることでしょうか？

集団登下校は戦前からあります。交通安全の視点や、地域によっては熊との遭遇などの通学路の危険回避のためと、決まった時刻にちゃんと来る大事さを定着させるねらいなどからです。ただ、昭和23年に法務省の意見で、集団登下校で体罰が発生している議論が出てきます。先生ら大人の目がない中で、上級生が下級生を段ったり蹴ったりする。先生の代わりなんだ、みたいな事態が問題視されました。

　学校が安全に子どもを見守る、という点では、集団登校のメリットは大きいです。都市部のところでは、距離的にも短いから問題ないということでなくなっていることもありますね。大阪市内の私の家の横は学校ですが、集団登校になっていません。

　ただ、必ず作る必要はあります。不審者の情報が入ったり、災害が発生したりした時に班別に帰る必要はあります。なので、普段はしていないけれども、集団登校のシステムはどの学校でも設定しているものです。

　最近は災害時には、さらに厳格に安全管理をするということで「保護者が学校に迎えにくる」まで学校に留め置くことを徹底する学校も増えてきましたね。

くま　私が聞くのは、集団登下校をするとルートが遠回りになる場合、時間が無駄にかかるから集団下校から外れていいんじゃないか、と話題になることがあります。登下校の見守りとして保護者が旗をもつ係が回ってくることが一番多い話で、8時15分から持つために会社を休まなきゃいけないじゃないか、などは難しい話ですね。社会の理解が進む必要があることと、もしかしたら学校外のボランティアなどにお願いする必要があると思います。

　先の質問で、文部科学省らが通知していることは、必ずしも学校だけでなく、地域も巻き込んでのものと思います。集団下校や通学路の安全確保の取組への参加によって子どもと自分の安全意識が高まったり、緊急時の行動が身に付いたりするメリットも考えたうえで、何でも任せるのではなく、社会全体で分担して子どもの安全を守る風に、学校と話し合っていくべき問題なのでしょうね。

小野田　補足すると、不登校気味の子にとってみるとデリケートなことでもあります。みんなと少し遅れてだったら学校に行ける場合など。でも、集団登下校が強制的なものでこうした配慮がない場合だと、不登校児が毎回「今日もあの子いないね」と意識されるデメリットも発生してしまいます。集団下校があくまで絶対的なものでなく、柔軟な対応を求めたいしきたりの一つです。

PTA の負担が大きい
これって義務なんですか？

・私は実際役員もやってた
のしかったですが、強制にす
べきではないですよね。
・学校からの連絡がすべて紙。
情報が集約されていない。
PTA の負担感が大きい。ベ
ルマーク収集など今となって
は存在意義がない活動が多

い。PTA がポイント制になっており、働く親にとっては辛い。

Answer

PTA は強制じゃない。やるとしても効率
化の余地はたくさん。
子どもの教育環境改善を応援できるメ
リットも。

弁 **鬼澤**　まず、PTA は法律上、社会教育法第 10 条に定める「社会教育関
係団体」に該当するとされています。特に保護者の加入義務もありません。
なので、「入らないといけませんか？」という質問に対しては、法的な観点
で言えば**「任意なので入りたくなければ入らなくていいです」**ということに
なります。途中での脱退も可能です。

保 **くま**　基本のスタンスとして、私は、PTA はあった方がよいと思います。
というのは、自分の子どもが通っている学校の環境について、保護者同士が
知り合い、教師ともコミュニケーションが生まれて、学校のことに取り組む
場だから。子どもの学習環境の把握や、トラブルの事前の回避など、メリッ
トが多いです。行事などを企画することは純粋に楽しいときもありますね。

　PTA は嫌だという人の話を聴くと、トラブルになるから群れたくないとか、面倒そうとか大変そうとかですね。PTA 関連はメリットデメリットがその年代によっても、地域によってもバラバラで。メンバーによっては面白いんですよ、と言えるのですが。

　一方で、ただ、やってみて思ったのですが、無駄が多いんです。ええ、こんなことで毎回労力かけているの？　という。最近では全国的に PTA がみんなで変えていこうという風潮になってきていると思います。いちいち集まらなくてもいいやりとりは SNS でやろうとか。

　例えば、ベルマークの係になったとき、それまでは月に一回平日に集まっていたのですが、各自で貼ってきて持ち寄るでいいのではないですか、と提案して、賛意が得られましたので、そのように変更しました。

　効率化していけば、PTA 自体は有意義だと思います。

　そして、地域差もありますね。もともと自分の母校だった人が「じゃあ、せっかくだし私がやるよ」ということで PTA 会長を引き受けて引っ張ってくれるところもあれば、新興住宅地であまり縁故の必要性がなく誰もやりたくない、むしろ面倒事は回避したい人の方が多い、という差はあると思います。

　後者の場合押し付け合いになるので、嫌だな、と思う気持ちは分かります。加えて、しかも平日の休み返上などのネガティブな話を先に聞いてしまうと関わりたくないと思う気持ちは必然です。

　大事なのは、参加者のモチベーションに差がある前提で進めることと、効率的でないことはどんどん効率化するべきだということだとまず思います。

□ 地域社会をつなぐ組織に加入する個人のメリット、デメリット

学　**小野田**　私としては、講演で PTA について質問されたときに、「子どもの通う学校に親として関われる期間は、二人の子どもがいたとして 20 年です。子どもが家庭以外の場で親の背中を見ることのできる機会が減っている中で、PTA で何かしている姿を見せられることで親子間の関係の向上につ

ながることもあるでしょう。PTA の活動は仕事ではありませんから収入につながりません。でも世の中には様々なボランテイア的な活動があります。お金にはならないけれども、人と人がつながって共同体をつくっているという例として大事な機会になるかもしれません」と答えています。

　ちょっとずつ他の人と接点をもつことを有意義と感じられるかどうかとも言えるでしょうか。勤め先の会社や隣近所の付き合いはあっても、全く関係のなかった親たちが何らかの形で関わりつながるチャンスはあまりないですからね。

　国家や行政と個人の間にある団体（中間団体）がやせ細っていったのが、70 年代でした。この頃から労働組合の加入率が減少に転じ、同じように町内会の組織率も減り始めました。「PTA は必要か」「全員加入がいいかどうか」という問題もこの時期から提起され始めたのです。

　いまの社会全体が「孤立する個人」という問題が広がっている中で、利害関係がない組織に何らかの形で関われる機会は大事かな、と思っています。

　もちろん、地域のつながりというのは一方で、しがらみになります。大都市圏では地域のつながりはほぼないようなところもありますが、基本的には、地域には町内会などの組織があり、PTA 会長の役員になると、やがて町内会関係の役員に、ほかには児童民生委員の候補にあがっていく、など、つながっていくのですね。

くま　そういうことがあるので、地域とは極力関わりたくないという方も多いですね。本来は地域と子育てをすることはいいことなのですが。

小野田　時代の変化もあり、私の住むマンションは 17 戸ですが、町内会に入っているのは私の家を入れてわずか 2 戸で、最近ではマンションができても、マンションごと町内会には入らない形も増えてきています。

　流行りの「自助、共助、公助」という話でいくと、真ん中の共助という部分は日本にはまだまだ必要です。なぜかというと NPO などが発達していませんので、旧来型の地域社会が担う役割にスポットが当たってしまうのですね。

鬼澤　NPO分野でもかなり活動していますが、目的がかなり重視されている印象です。強制ではないということを大前提としたうえで、そうした地域社会の役職が全部くっついてくるとかそういうのはやはり考え直すべきではないかなと思います。「学校支援をしたい」という気持ちはすごくあるのに、付随する業務や関係が見えると嫌ですよね。

　ただ、今までの歴史もあることを考えると、どこがどう変わればいいのでしょう。

小野田　具体的な活動内容から考えると、例えば「ベルマーク運動」がありますね。これはもともと、学校の環境条件整備を目指した支援制度です。昔は学校に予算がなかなか回らない状況がある中で、保護者としては「なんとか備品は揃えてほしい」と願い、「ならば企業も協力しましょう」ということで協賛企業が広がっていったものです。私が小学校のときは、ベルマークがある会社の商品を積極的に買いましょうという風潮がありました。

　ただ今の時代では、ちまちまとマークを切って貼り、息でシールが飛んでいくような細かい作業に費やす労力が、その価値に見合うのかという話題は出てきます。

くま　結構な労力ですね。数時間作業して数百円となると、「私1000円置いていくので帰っていいですか！」という気持ちになるという話をよく聞きます。

小野田　その思いは分かります。実は、ベルマーク協賛の会社も今は減っていっています。しかもベルマークは品物に換えられるので、最終的にそれの管理責任者となるのは校長です。

　また「税外負担禁止の原則」の考え方もあります。学校の運営経費をPTAが賄うこと自体が間違っているのではないか、学校教育の遂行に本来必要なものは、それぞれの学校の設置主体である自治体の予算として出す、税金によってまかなうことが原則であるべきだ、という意見も当然にあるので、ベルマーク活動もPTAの役割の一つだとすることに批判も出ています。

□ やって当たり前→全員加入への疑問→不要論→？？

　ほかにも色々PTAとして続いている活動があると思います。それぞれの学校の行事の主催やお手伝いのほか、全国PTA全国協議会による「PTA広報誌コンクール」や毎日新聞社の「PTA新聞コンクール」があり、それへの入賞を目指すこともあるかと思います。「やりたい！」と思う人が多くいれば、やりがいや学校のレベルアップにつながりますのでいいのですが、「去年もやったから……」であれば、やる必要はないことですね。

　地域や学校ごとによって違うのですが、私が20年前に研究の一環で学生たちと一緒に調査に入っていた小学校では、学校内のPTAルームには、毎日誰か一人はPTAの役員さんが来ておられました。これでは昼間にお仕事を持っておられる親御さんにはなかなかできませんね。くまさんにお願いして改革してもらえばよかったのかもしれませんが（笑）、おそらく毎日来て1日数時間やるようなPTA業務って本当に必要なのか、それはPTAの役員さんがやらなければならないのか、という疑問がわきました。

くま　働くお母さんが増えてきた中で、行けない場合も増えているのでしょうね。平日にPTA活動に参加することで、会社を休まないといけなくてお給料が減る場合もあります。「PTAを休むのはよくない」という雰囲気があるならよくないと思います。

小野田　就労状況の変化や法制度の整備の問題もありますしね。フランスは法律で、「学校の会議に参加するために」年に6回ほど有給休暇が別にもらえます。親代表として出席するための休暇の要求、給与の補償も法律で決まっているのですね。

　もちろん、PTAが上手くいろいろな支援や行事をフォローしていて、学校が円滑に回っているような例もあります。PTA会議室とか集まり会議をしたり、作業のための特別室をつくったりすることが推奨されたことも過去にはありました。

　PTAの在り方は、常に議論になっているものです。書籍もたくさん出ています。大雑把にまとめると、40年前はやって当たり前だったものが、30

年前から全員加入はおかしいという議論が出てきて、20年ほど前から不要論も出てきて、5年前からはやっぱり必要かもしれない、無理をしないで楽しくできればいいのでは、という流れです。

□ 学校の様子が知りたいなら PTA 活動はアリ
□ 業務効率化も全国で進む

　私は、PTAをなくした方がいいとは思いませんし、あった方がいいでしょう。ただ、役員がいないからくじ引きだ、今年やったら来年はやらなくていい点数制度だというような誰かが犠牲になるような運用方法はいかがなものかとも思います。

　神戸新聞にはPTAをボランティア組織にする、という記事があり、「PTA、もっと気楽にやっていいんじゃない」という議論も出てきていると思います。

　（神戸新聞NEXT 2020/8/11 05:30「PTAがボランティア団体に衣替え川西・東谷中」https://www.kobe-np.co.jp/news/hanshin/202008/0013592287.shtml、最終閲覧2021/1/31）

くま　東京都大田区の小学校ではPTA（Association）でなく、ボランティアとしてPTO（Organization）と呼ぶ動きもありますよね。エーッ（A）じゃなくてオーッ！（O）ということらしいです（笑）。「せっかくだから楽しもうよ」という考え方です。

　（東京都大田区立嶺町小学校PTO〜保護者と先生による楽しむ学校応援団〜https://minesho-pto.com/、最終閲覧2021/1/31）

　Facebookに900人くらいの「PTAを面白がる会（他校アイディア共有版）」というグループもあります。負担感は時代と共に変えていきたいですね。

鬼澤　私は業務でも、お金にならないこともいろいろとやっています。ただ、ある程度目的もはっきりしています。

「学校のために必要であれば」行くけれども、その必要性に納得できていないとか、そこでの人間関係が楽しいものでない場合、参加したくないと思うのは自然かと思います。

くま　ほかの質問と被りますが、やはり PTA などで顔を合わせておくと、子どもが何とかくんと遊んだんだ、と言ってきたとき、その子が分かる、その親が分かる方が、楽しいし安心かな、と思います。

　あとは、うちの子がトラブル起こす可能性があると、知っていた方がいいな、と思います。

鬼澤　確かに知り合っておくといろいろなトラブルが事前に回避されることはありますね。

　コミュニティとして円滑に情報共有したい、となると、保護者の顔を知っていることは重要なことです。

小野田　加えて、保護者が参加できる学校であるために発生する業務もあります。先生たちだけでは運動会の当日の運営が回らないので、運動会を見るために自転車で来る人の誘導や整理係とか、不審者の入校を防止するなどの裏方の仕事は発生してくるんですね。来賓にお茶を出すとかはいりませんが。

くま　いろいろな立場、歴史的な動きなどありがとうございました。まとめると、PTA に入るか悩むのであれば、**頭ごなしに否定はせず、学校の特色や PTA の活動について一度調べる**べきでしょう。教育の質の向上に関わらない活動には時間を押して関わる義務はない。

　加えて、ひとまずは各 PTA で業務のスリム化を行うべき。今回新型コロナウイルス感染症の流行で、なかなか集まれなくなったことで、逆に年間の活動計画を見直したことがありますよね。PTA も会議がオンラインになったり、やらない行事が出てきたりすると、「あれ？　これ、いらなかったね？」みたいに気付いたこともあったと思います。

　元から疑問視されていたものがあったとしても、なかなか言いづらいですよ。それが今回は結構変革につながったと思います。行事等のアンケートをネットのフォーマットを使ってオンラインで完結させるようになるなどしま

した。

小野田 最後に歴史の話を。私はもともとフランスの学校参加の研究をして
いました。生徒と先生と保護者がどう学校の管理運営に参加するかというこ
と、意思決定にどう加わるかということです。ドイツ、アメリカ、フランス
などでは「学校に意見を言う、物申す PTA」なんですね。それが日本では違っ
て「学校に奉仕する団体」となってしまった歴史があります。

　日本でも戦後に PTA ができたときは、意思決定に参加するということで
した。「みんなで民主主義的な学校をつくっていこうよ」ということで、親
も参加しながら、先生と対等な関係で議論するという形が構想され、運営さ
れていました。

　そのうち、保護者が物申すようになってくると、かなりうるさいし面倒だ
な、と学校側が思う場合もありました。70 年ほど前は、市長とか議員だけ
でなく、自治体の教育委員を選挙していた時代がありました。その教育委員
をリベラルな考えの人にするか、保守的な考えの人を選ぶか、教育に関する
民意形成をする、PTA がその場所になっていたことがあります。

　本当に必要なの？　誰のための PTA なの？　というのは、当事者たちが
常に考え続けるべきことでしょう。本来的には、学校の管理運営にも保護者
の立場から意見を述べることができる環境が作られた方がいいと思います。
10 年ぐらい前から「コミュニティ・スクール」という制度もできあがって
いますが、本当はその役割は PTA でもいいわけだったのです。PTA にどの
ように関わるかは、事情や時期によって違いがあるでしょうが、わが子の通
う学校はどうなっているのかに関心を持つためには大事なことでしょう。

担任が原因で子どもが不登校に。
どこにどう相談すればいいだろう。

　1年生の終わりから担任との積み重なった色々な事で糸が切れ不登校になりました。先生の怒鳴り声が聞こえると不眠がちになりました。1年以上経ってから登校を自分からし始めた時期もありましたが、今はコロナへの不安も強く不登校が続いています。いつかまた自分から動き出すまで出来ることをサポートしようと思っていますが、今以上にどんな方法があるのか分かりません。勉強第一とは考えていませんが今後のこと、自立に向けてのことを考えるとやはり不安です。学校側からも「見守りましょう」と言われてもただの問題先延ばしとしか思えない自分の心境の時もあります。

　何度伝えても、横の繋がりが薄い、情報共有がされていないと感じる事が多く学校内での情報共有の仕組みはどのようになされているものなのでしょうか。

 ## 不登校が確認されると、校内協議されるはずです。
学校外にもたくさん機関はあるのですが……

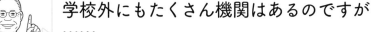

保 **くま**　担任の先生に子どもの現状を伝えているけど、他の先生には知らせていなくて、改善を望んだ際に担任の先生との押し問答が続いてしまう、というケースは、いじめの事例でもよく聞く話ですね。「なんで共有してくれないのか」と保護者は不安に感じてしまいますのですが。

学 **小野田**　まず広く、不登校について考えてみたいです。理由が分からず、「わが子が学校に行かない」というのは、率直につらいことです。

　そして不登校の問題は教育界全体として真摯に捉えていて、学校レベルでは不登校に対応する「教育相談担当」「不登校支援担当」など役割をもっている先生が必ずいます。一方で、そうした方も担任をもちながらではあるので、必ず迅速にその先生の耳に入るかというと絶対はないです。

　まず不登校が確認された場合の**一般的な情報共有の仕組み**について整理します。

　学校は、子どもが欠席をすると、「発熱」など、理由を必ず確認しています。そのうえで、1～2週間と長きにわたって休む子どもがいる場合、**不登校について話し合う委員会が設けられてそこで話合いが行われます。**

　そこで話し合われて立てられる対策としては、まずは親御さんと連絡を取る、次は連絡帳やプリントなどを渡すために、家庭訪問や電話など、**なるべくその子と連絡を取る**ように努めます。もちろん、学校の先生が原因と考えられる不登校の場合は、その先生が担任であっても、直接会うことは通常避けます。

　次に、どうしても**教室復帰が厳しければ、学校の空き教室や保健室に登校して別の先生や校長先生と一緒に勉強することを提案する。**

　次はそれでも学校が厳しければ、各自治体に**「教育支援センター」という施設があるので、そこで勉強を進める形を提案する**流れです。ただしここは施設容量の問題もあるので、週に何日だけと決まっている場合もありますね。

　こうしたところでリズムを取り戻しながら復帰へともっていきます。

　さらに厳しければフリースクールなどを考えるのですが、ここにはお金がかかりますし、自分に合う合わないなどもあるので家庭の選択が必要になります。

　学校外で言うと、電話相談や臨床心理士さんと会うなど、各市町村に様々な相談窓口が整っていますので、学校がつないでくれないなら相談してみることがよいでしょう。臨床的な視点など別の視点から適切な対応が出てくると思います。

　仕組みとしてはこのような全体図です。質問者さんは1年次の担任に不安

があるとのことでしたので、もしかしたらその先生はもうその学校にはいないかもしれません。原因が排除されたけれども先生という存在に不信感を感じている場合もあると思います。すぐには解決につながりませんが、臨床心理士さんとの対話などが提案できるでしょう。

また、不登校の原因は複層的なことが多いです。

次に見守る、という視点について考えたいと思います。

□ 学校以外での休息が必要な場合がある

一つ知っておきたいのは教育関係の人々の全体の動きとしては必ずしも「不登校する子どもはよくないこと」だと、最近は見なくなってきています。親御さんだけで抱えないでほしいのです。

弁 鬼澤 そうですね。法律でも2016年に成立しました「教育機会確保法（義務教育の段階における普通教育に相当する教育の機会の確保等に関する法律）」の中で、「休息の必要性もふまえ、」という文言が書かれたこともあり、学校としても、不登校を問題として捉えずに、「必要な休息もある」という前提で捉えていく雰囲気が広がっています。知らない先生もいるかもしれません。

制度としてはそういう前提で、法律に基づいて、フリースクールとか、学校外の施設での学習を出席扱いにすることついても見直されました。学校外の施設での学習を出席扱いとするためには、「学校復帰を前提としないといけない」と通知があったのですが、確保法の後に通知が変更されてその部分が削除され、「復帰した場合に問題がないように」という書き方になりました。通知も復帰を前提としないとなりましたので、行政として「必ず学校に行かせよう」という姿勢ではないと思います。

とはいえ学校から「様子を見ましょう」と言われるだけでは、不安ですし、それが適切な対応か分からない場合は、外部に相談にいくのは選択肢の一つでしょう。

本人がかなり辛い状況だとカウンセリングに行ってみる、少し待ってみて、

ちょっと元気が出てきたタイミングで学校を推す、そのタイミングを図る、という付き合い方でしょうか。

　カウンセリングの同行などで仕事休まないといけないとなると、辛いですが、頑張れない子を頑張れとはっぱかけるのは、子どもとしては辛いかもしれません。親のその不安もカウンセリングにいって吐き出しつつ。

小野田　漫画で不登校の子どもを親の視点で書いた体験ベースのインターネットの記事を見ましたので紹介します。『【前編】長い不登校期間「寄り添い方」がわからない……。追いつめられていくママのお話』（https://select.mamastar.jp/440786）（mamasta、2020/10/02、原案・ママスタコミュニティ、脚本・渡辺多絵、作画・べるこ、前・中・後の三編、最終閲覧2021/1/31）

　「いじめやトラブルなどの大きな原因はなく、ただ『学校に行けない』」という中学生の子どもへの寄り添い方が分からないお母さんの視点で書かれています。最初、カウンセラーに「家を安心できる場所にしましょう」と言われるのですね。子どもは家で元気にゲームしていて、見守る。その中で「どんなときも懸命に向き合って息子第一で育ててきたのに不登校になってしまった……」「でも親として逃げるわけにもいかず、それが母親にとってどんなに辛く、苦しいことか、誰にもわかってもらえない……」という思いに至ります。

□ 不登校には明確な原因がないということも

　その後スクールカウンセラーとの面談で、「不登校は誰にでもなる可能性があるんです」「不登校の期間は人それぞれですが、不登校期間はその子にとって必要不可欠なんです」と。最終的には、ある日充電ができたのか、学校に行き、高校進学の勉強を始めます。何か明確な原因がすぐに分かる場合がないということを描いていて、勉強になりました。

　不登校は不安です。でも親の学校復帰を急ぐスピードと、子どもの成熟していくスピードがずれていることもあります。

その中で日常生活が安定しているかは気にしたいですね。生活リズムはうまくいっていて食事もしっかり食べているのか、それとも昼夜逆転しているのか、後者だと学校というよりはネットゲーム依存などの相談機関が最近は出来てきていますので、相談に行くとよいでしょう。

くま　実際、何か決定的なトラブルが原因というわけではないけれども、というケースも確かにあるので悩ましいですよね。

　孤立の場合だと、例えば習い事をして、同学年の子と触れる機会をつくると、友達や学校のイメージが変わることもあります。親としか接しない状況から外に出して上げることが、改善のきっかけになることもあります。

　質問に戻って、親の不安の中には「なんで不登校の原因は学校にあったのに、自分の子どもだけこの教育を受けられない不平等を被るのか」という気持ちも当然芽生えていると思います。

　不登校になってしばらくしたら断りがなく「机が片付けられていた」というケースも聞いたことがあります。「存在がなかったことにされている」ように感じる対応をされないといけないのか。そういう心理的なところまで考えていてほしいな、と思いますね。

　小野田先生に先ほどフローや機関を教えていただきましたが、学校が校内や保護者に情報共有してくれない原因やその際の改善策はあるのでしょうか。

☐ 不登校の理由を誰かが勝手に決めてないか

小野田　個別のケースになるので難しいですが、こういう切り口もあります。文部科学省が「児童生徒の問題行動・不登校等生徒指導上の諸課題に関する調査」というのを毎年10月ごろに出しています。

　（https://www.mext.go.jp/a_menu/shotou/seitoshidou/1302902.htm）

　小学校の義務教育段階の令和元年度の調査結果（表）で言うと、長期欠席

②小学校 （人）

| 区分 | 在籍児童数 | 理由別長期欠席者数 | | | | | | その他 | 計 |
		病気	経済的理由	不登校	うち，90日以上欠席している者	うち，出席日数が10日以下の者	うち，出席日数が0日の者		
国立	38,682	44	0	146	61	6	2	13	203
		21.7%	0.0%	71.9%	30.0%	3.0%	1.0%	6.4%	100.0%
		0.1%	0.0%	0.4%	0.2%	0.0%	0.0%	0.0%	0.5%
公立	6,278,979	22,954	11	52,905	22,426	4,224	1,592	16,346	92,216
		24.9%	0.0%	57.4%	24.3%	4.6%	1.7%	17.7%	100.0%
		0.4%	0.0%	0.8%	0.4%	0.1%	0.0%	0.3%	1.5%
私立	78,181	200	0	299	145	19	7	140	639
		31.3%	0.0%	46.8%	22.7%	3.0%	1.1%	21.9%	100.0%
		0.3%	0.0%	0.4%	0.2%	0.0%	0.0%	0.2%	0.8%
計	6,395,842	23,198	11	53,350	22,632	4,249	1,601	16,499	93,058
		24.9%	0.0%	57.3%	24.3%	4.6%	1.7%	17.7%	100.0%
		0.4%	0.0%	0.8%	0.4%	0.1%	0.0%	0.3%	1.5%

者（年間で30日以上）は、約9万3千人いました。不登校はそのうち約5万3千人でその差は4万人あります。

　その中で、「病気」が2万3千人います。「病気」のケースは、朝起きられない起立性障害や、対人恐怖など診断がなされている場合も含みます。重度の場合は特別支援学校があり、病院で診断してもらうことで、より適切な子どもの学ぶ場所を選ぶことができます。あとは基本的に「その他」に数えられています。令和元年度は1万6千人（17・7％）います。

　もちろん、不登校の原因は複層的であることがありますので、何か1つの理由に限定できない場合も「その他」となるわけなのですが、「その他」が約2割もいたら統計の取り方的におかしいと指摘があります。文部科学省は最近、「不登校傾向のその他」「病気傾向のその他」と出してくださいと通知を出し始めていますが、その長期欠席の状況を「病気」とするか「不登校」とするか、あるいは「その他」とするかは学校の判断によるわけです。

　これは自治体によっても差がありまして、「病気」や「その他」がやたら多い自治体があるんですよね……もちろん、統計が全ておかしいとは数値を

見るだけで言えませんが、例えば東北六県は「その他」が5％と少なくて、原因をしっかり把握している印象です。

　つまり、欠席の電話を「調子悪くて……」とすると「ああ、病気ですね」とすぐに判断する体質の先生・学校はある程度あるのかもしれません。親御さんからすると、「病気」以外で「行かない」と子どもが感じている事実があるならば、学校がそれをどう捉えているかすり合わせておく必要があるのです。話がかみ合わないとき、不登校でなく、「病気」と安直に捉えられている可能性があるかもしれません。

鬼澤　加えて、統計の見方という視点では、調査主体の視点からも考えてみたいです。先の文部科学省の調査は学校が上に上げるものなので、「家庭の不和」とかが原因に上がったりするのです。他方で、これは中学生を相手にしていますが、NHKが子どもに身近なSNSの「LINE」を使って直接調査したら、「学校の要因」とする回答が20％ありました。文部科学省の調査では2.2％だったのです。

　（参照：NHK「未来スイッチ」『不登校、その先を考えてほしい』2019/8/10 取材、最終閲覧 2021/1/31、https://www3.nhk.or.jp/news/special/miraiswitch/article/article29/）

くま　学校は家庭が悪いよね、家庭は学校が悪いよね、となりがちなのかもしれませんね。主役である子どもの中の原因について、しっかりと向き合うために、保護者、学校の先生、担任じゃない先生、カウンセラーなど、話せるタイミングに話せる人が子どもに聞く環境を意識しておきたいです。そして言語化できる明確な理由がない場合もあることも忘れてはいけませんね。

　学校だけの問題にはせず、家族として幅広く選択肢を用意しつつ、学校にも適切な対応をお願いしたいところです。

特別支援教育の体制や相談先について知りたい

特別支援・息子は ADHD グレーで一応療育にも通っています。衝動的に動いてしまう癖があり、特に 45 分の授業中席に座っていられるか、親としてはあまり自信がなく、もしウロウロしてしまったりお友達にちょっかい出してしまったらどうなるのだろう？　いじめの対象？　など小学校が初めてなのでわからないことだらけです！ ADHD に限らず、活発な男の子が集団生活に馴染むには修学前の半年、家庭でどうしつけ、教育したらいいのかという点について教えてほしいです。

特性はグラデーションがあります。
先生らとその子の情報を共有しながら、
専門的な方に相談していきましょう。

学 **小野田**　特別な支援を必要とする子に対して家庭でどう教育するか、このことは、この本の中で詳細にお伝えできることではないな、と思います。一般論というよりも、周りの子と学校の環境、周りの子との関係などが関わってきますので、専門性と個別性が高いことが多いからです。一方で、多くのご質問がありましたので参考書籍の紹介とわれわれが携わる範囲でのお話をさせていただきたく思います。

　特別支援教育が始まって 14 年経ちました。学校には担当者がいますし、教育委員会、医療関係、NPO さまざまな相談窓口がありますので相談してみるのがよいでしょう。まず、P107 に、三人と出版社で選書しました本を紹介しますので、参考にしていただければと思います。

　さて、学校には、特別支援教育担当の教諭や、特別支援のコーディネーター

という形で校務分掌に割り当てられています。学校の規模にもよりますが、知見を得ている先生がいますので、行動特性などについて、定期的にその方と話をすることによって、先生同士が連携して対応していただく形になりますので、子どもたち同士のいざこざや、いじめの被害・加害になる芽を防ぐことに繋がっていくと思います。

また、ADHD、アスペルガーについては、トラブルの加害者になることもあります。そうした特性について先生に見られていないところでからかい、支援が必要な子を意図的に怒らせる、陰湿な子もたまにいます。

子どもはみな、自己表出が得意ではありませんが、配慮が必要な子はとくに、例えば、からかわれた怒りが一週間後に爆発するケースだってありえます。嫌な記憶がしばらく経ってフラッシュバックして抑えきれないことを知っています。そうした際に、先生もちゃんと理解して対応していただける体制があるとよいです。

また、学級全体がその子の特性をよく分かっていて、その子が落ち着けるような雰囲気をつくったり、落ち着く場所などに誘導したりできる学級の関係ができている場合もあります。

支援コーディネーターや、担任と相談しながら、「お気づきのことあれば、家庭でも生かしていきたいので、教えてください」という形ができればよいですね。その子が抱えているストレスは、保護者は家庭にいるときしか、先生は学校にいるときのことしか分かりませんから、何か変わったことがあれば共有していくべきだと思います。

触覚過敏や感覚過敏など、何かを触っていれば落ち着く場合は、ぬいぐるみなどの持ち込みを許すとか、外に気が向く子なら窓のそばにしないなど、いろいろな配慮の可能性があるのですね。

多様な子どもたちとともにどのような社会をつくっていくか、というのは現代の社会全体で考えていることです。障害というのは、何をもって障害と言うか、と言いますと、「社会生活上の困難を抱えたとき」に明らかになるのです。困難に出会わなければ、表面化しないこともあり得ます。大人になっ

〈参考書籍〉

①『Q&A で考える保護者支援：発達
障害の子どもの育ちを応援したいす
べての人に』中川信子著　学苑社

②『そのママでいい　発達障害の子を
育てるあなたに贈る 43 のエール』
田中康雄監修／橋口亜希子著　中
央法規出版

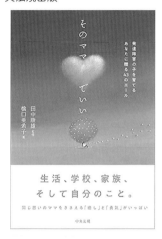

③『子育てで一番大切なこと 愛着形
成と発達障害』杉山登志郎著　講談
社

④『育てにくい子の家族支援　親が不
安、自責、孤立しないために支援者
ができること』高山恵子著　合同出
版

てから気付いた生きづらさ、ということもありますよね。

　例えば、私はいま白内障の手術をして、眼鏡をかけていますが、眼鏡がない状況でありますと、目が見えませんから、これはその状況下では私は障害者なのですね。いろいろな困難が実はあって、それに困っている場合は、その困難を共有して、あるいは乗り越えている場合は必要以上に考えすぎないようなことも大事かな、と私は思います。

保 **くま**　何が起こるのかについて、冷静なときに考えて整理しておくことは大事ですよね。あくまで特性は特性で、子どものさまざまな姿について少しずつ考えていることや行動に迫っておいて、「こういう場合は感情を爆発させやすくなるな」などについて整理しておくことも大事ですよね。

　わが子が迷惑かけちゃいけない、という思いが強すぎると、抑制する方に考えてしまいますが、子どもやクラス全体にとって心地よい雰囲気になるように先生やクラスメートと情報交換していけるといいですね。

弁 **鬼澤**　弁護士としましては、発達障害については専門性が高いため、相談を受けると、他の専門機関に相談をつなぐ形になりますが、一つ、アドバイスしていることとしましては、障害というのはグラデーションがあるものなのです。それぞれの子どもに特性があると思います。

　ADHDだから、どう、ではなくて、この子にとって、こういった状況は落ち着くんだ、こういった状況は少し落ち着きがなくなるということを具体的に先生らに伝えていくことが大事だと思います。正直、学校の先生は発達障害についての知識はある程度ありますが、その子についての知識は、保護者の方が圧倒的にもっていますよね。窓のそばだと落ち着かない、何か触っていると落ち着くなどそうした情報を伝えることで、学校としても対応しやすくなるものだと思います。

　なので、学校の先生に対しても同じことを言いますが、「あの子は発達に課題があって、〜〜」と前置きのようにお話される場合、そうした特性は誰にでもあって、その程度や種類に凸凹があるだけだと。その子はどうしたら、そうした特性が少しでも目立たなくなるか、ということですよね。そこで、

専門的な知見が必要になれば相談していきましょう、ということです。

小野田　また、「個別指導計画」と「個別支援計画」を学校はつくることを制度的には義務付けられていますので、その話合いには保護者も参加することなどして、そうした場合に気付いたことを話していく、というのが大事です。

鬼澤　大人になってからも例えば、しょっちゅう約束を忘れる人もいますよね。ADHD について調べて、メモを工夫したり、リマインドをお願いしたりして、自分の特性に向き合う形で、活動されている人もいます。

くま　自分がどういう傾向にあるか、分かっていれば努力できますよね。自分のことを知るような形でサポートしていくことがいいな、と思います。

保護者と学校のこれからについて

　保護者の方々から、多くの質問をいただきました。全体像をみて、改めて感じることやトラブルの原因の共通点などはあるでしょうか。

　また、デジタル化の推進や共働き世帯の増加など社会の変化が進むと予想されている中で、文部科学省としては「地域に開かれた教育課程」の実施を推進していく姿勢があります。今後、保護者と学校の関係で変わるかもしれないこと、変わらないかもしれないことはありますでしょうか。

（東洋館出版社編集部）

Answer

リアルでのコミュニケーションを大切に。
先生と保護者は子どもの成長を思う気持ちは同じです。

保　くま　細かな内容はもちろん違いますが、誰かに聞かれたことがあったり、どこかで話題になっていたりした例が多く寄せられた、という印象があります。

　子どもが関わる事実となりますと、周りの環境やその時々の子どもの感情なども関わってきますので、一概に言えることは少なくて当然だと思いますが、先生や保護者の中で、こうした事例が起きた時の解決策というのを共有するような機会はないですよね。いつの時代も、どこの地域でも共通する部分は多いままなのではないかと感じます。

学　小野田　私はかなり前から学校と保護者のトラブルについて双方からの相談を受け、考え、できる限りの解決策を提案してきました。改めて言い残したいのは、三つです。

　一つは「溜めずに話して聞く」。小出しでもいいから、こ

とが大きくなりそうな気配があれば、先生や相談できそうな機関に思いや悩みを話して、その方からの話を聞く、ということは大事だと思います。

　二つ目に「**まずは担任の先生に聞く**」。いきなり校長先生に話をもっていくというケースもあるでしょうが、結構その後うまく進むかというとかなり難しいです。校長先生は細かな学級運営の中身が分かりません。担任の先生が忙しくない時間（基本的には放課後）に、どんな状況、何を聞きたいかをはっきりさせたうえで、相談するとよいです。

　三つ目は、これは難しいかもしれませんが「**相談できるような先輩保護者とつながりをつくる**」。学年が変わって一気に学校全体、地域全体が変わる例はあまりないのですね。過去に似た環境を体験してきた人の話が一番分かりやすいと思います。

　弁　鬼澤　いただいたご質問を改めて俯瞰してみると、個別的にはもちろん学校の悩みになりますが、「なぜトラブルになってしまうか」という点で考えると、実は「保護者と学校の関係」に限った話ではないのだろう、ということを感じています。

　「**お互いの世界が見えにくい**」**という状況が、人間関係におけるある種共通の課題**なのだと思います。

　今は共働きの世帯も増えています。学校参観などにいけず、教室の雰囲気を体感していない保護者の方々にとっては、「子どもから来た情報」「保護者の知り合いから来た情報」だけがベースになってしまう可能性があります。先生としても、保護者の顔が見えないと、例えば家族構成とか手元にある情報から家庭での様子を推測することしかできません。互いの事情を知る前に不信感が先行してしまうことが増えてしまうことが、あり得てくるのだと思います。

　印象的だったのは、文房具を「アニメのキャラクター」で揃えたら注意された、というお悩みでした。弁護士として「いいとか悪い」と法律的に判断することはできません。ある意味「人を殴ってはいけません」といった絶対的なルールがない場合ですが、表面的にそのルールを耳にして、「なんで駄

目なの？」と感じて疑念を浮かべるかもしれません。ただ、先生たちとしては、過去や現在に困っていることがあってそうしたルールにしている背景がある場合が多いと思います。

　疑問に思うことがあれば、何故そうした対応をしているのかを聞き、その際には、こちらの要望も明確に伝えていくことで、互いの不信感が深まることはなく、トラブルは未然に防いでいけるのではないかと思います。

くま　感情的になることもありますので、保護者も丸投げにするでなく、学校の発信や、全国的な学校に関するニュースなどには触れていくことができるといいですよね。これからの未来について、小野田先生過去から振り返った何か感じられることございますか？

小野田　これからの未来、もしかしたらトラブルは増えるかもしれないという個人的には少し悲観的な展望もあります。

□ デジタル化のせいで逆にすれ違う

　仮にオンライン会議システムなどでつながれたとしても、直接のコミュニケーションが減ってしまうと、仲が良い人、近しい人だけの情報だけで、不信感を募らせてしまうことが結構あると思うんです。オンラインは同じ方向を向いている場合には有効ですが、疑問や不信感が高じてくると、納得や調整が難しく、摩擦だけがすぐに拡大することもあります。

　これは少し前からのよくある例ですが、「プリントが隣の子は4枚配られたと耳にしたが、うちの子は3枚しか持ち帰っていない」という状況に立ったとします。子どもに聞くと「忘れていないと思う」と言うし、ランドセルの中をみても入っていない。ここで、「先生の配布忘れなんじゃないか！」と思っていきなり学校に連絡する人が増えてきました。

　もちろん配布忘れで重要な連絡であれば、先生も学校も最終的には「お家まで持って行きます！」という対応になりますので、緊張感は高まります。だけど念のため確かめようと思って、職員室から教室に戻って見てみれば、その子の机の中に足りないプリントが残っていたというケースはよくあります。それを伝えてなお「申し訳ないですが届けてください」と言われた場合、

学校はなかなか断れません。こうしたことで時間を取られると先生方は本来の指導計画の作成、授業準備などができなくなってきてしまうので、やはり「あの子の保護者は気を付けよう」ということになりますよね。

　こういうたぐいの事柄が増え始めています。もちろん学校側を一方的に擁護するわけではありません。ケースバイケースですが、連絡が迅速になりすぎることによるすれ違いが、お互いにとってストレスになってきています。

□ スマホで記録を「勝手に」するのは本質的な解決にはつながりにくい

　加えて、最近は録音・録画ですね。もちろん、学校が組織的に何かを隠蔽しようとしているなどの場合は、必要にもなってきます。ただ、例えば学級の雰囲気が芳しくなく、子どもが「行きたくない！」となっている場合に、保護者が授業の様子を動画撮影に来る、という例がありました。そのときはお母さんが来て「子どもとお父さんに共有するため」スマホで撮影していたようですが、これでは本来の学級の姿は逆に見えなくなります。気持ちは分かるのですが、他の子どもの肖像権もあります。ほかにもお母さんと校長先生との話の中で、実はオンライン会議システムでお父さんが聞いていて、途中でいきなり画面越しに入ってくる、というケースも耳にしました。

　いつでもどこでもつながっている時代に、人と人がどのように折り合っていくか、というのは学校に限らずですが、難しい部分があります。アナログなコミュニケーションを取らずに、デジタル上でディスコミュニケーションが続いてしまう。新型コロナウイルス感染症の拡大に伴う緊急事態宣言後にはこうした録画やオンライン会議システム関連のトラブルを耳にすることが増えました。

くま　なるほど。オンライン会議システムで、今までだったら来れなかった立場の保護者が、学校に参加していけるようになる、というのはいいことですよね。

　だけど、何でもそうですが、「勝手に」というのは事態の好転にはほとんどつながらないです。ネットリテラシーなどについては今一度考えるべき別

の問題ではありますが。鬼澤先生、こうした記録って増えているのですか？

鬼澤　先生から「保護者とお話していたら勝手に録音、記録されていて困る」という相談はあります。ただ、「秘密で録音されているから、裁判上証拠として採用されない」ということはなく、証拠になることがほとんどです。そのため、先生たちには「勝手な録音は止められないから、どこかに出たら困る話はしないように」と話しています。特にトラブルになりそうな場合。

何が言いたいかというと、学校では、「ここだけの話、じつは〜〜」みたいな形で何か責任を別のところに分散させる対応をすることがあるでしょう。そうしたことは今後しづらい。これをいい方向に考えて、透明性の高い対応をお互い積み重ねていきましょう、という考え方につなげていきたいと思います。

□ デジタル化をプラスに変えていく

小野田　そうですね。ポイントは、わが子だけの話を大切にすることを一旦横に置くことかもしれません。わが子の話をちゃんと聞いた上で、他の子、他の保護者、先生の話など、客観的な情報を冷静に聞く余裕をもっておくことが、学校との関係を作る上で大事なことなのだろうな、と思います。

また先生の置かれている環境にもかなりの課題と困難があります。先生が働いている時間は、他の国と比較してもダントツに長く、過重労働になっています。本来の授業準備はもちろんですが、学校外の児童生徒の生活や素行に関することまで守備範囲は広げられていて、各種の行事はもちろん、中学校だったら部活指導も学校の先生がやるような状況です。

もし疑問があったら、保護者（ワタシ）と教師（目の前の先生）は敵じゃない、ということを改めて共有して、一緒に解決策を考えていきたいですね。

鬼澤　そうですね。そして他方でデジタルのよさがどんどん広がってきています。例えばいちいち紙で配布していたプリントを、配布した端末に一発で送信してしまうことや、欠席連絡もアプリやホームページを通じて一々電話がつながるまで朝待たなくてもできるようになってきています。

デジタル化によって、本来、学校とか先生方が注力すべき授業準備などの

部分に注力できるようになってきたのですね。保護者の方々も、ある程度気軽にコミュニケーションできるようになっていくという意味で、学校と保護者の関係はよくなる余地もたくさんあると思います。

そこで気を付けたいことは、**デジタルが便利になっていくにつれて、「これはリアルで言わないとまずいんではないか」という感度を、学校も保護者も高める必要があること**です。ネットリテラシーなどですね。これからの世代は、私含め、「デジタルで済むなら全部済ませてよ」となりがちですよね。

「ああ、これはパパっとメッセージで済ませたら、もしかしたら本心が伝わらないかも」というとき、相手の環境に配慮した上でちゃんと面と向かってお話ししていくことを忘れてはいけないと思います。

□ 学校と保護者は敵ではない！

——「おわりに」に代えて

くま　お二方ともありがとうございました。心配するというのは、大切に思っているが故なんですよね。その大切な子どもにとって、どうしていくのが最善かということをいつでも忘れないようにしていきたいです。

またデジタル化のお話をいただきましたが、学校も急に ICT 化を進めていけるようなデジタル関係のプロ集団ではないですよね。もしかしたら先生より子ども、保護者の方が端末の使い方など知っている場合がありますから、そうした場合などは、お節介など思わずに、積極的に力を貸してあげるのがいいんじゃないかと思っています。

この民主主義社会の中で、未来を担う子どもたちは学校だけでなく、地域社会全体、もっと言えば社会全体で育てる存在だと思います。そして同時に未成熟で、傷つき、傷つけあう存在でもあります。子どものころの傷というのは一生残ることもあります。未然にトラブルを防ぐために手を取り合うような可能性についてこれからも考え続けていきたいと思います。

BRAVA に質問を寄せていただきましたみなさま、回答いただいた小野田先生、鬼澤先生、ありがとうございました。

学校あるあるトラブル 18
保護者のお悩み解決します！

2021（令和 3）年 3 月 15 日　初版第 1 刷発行

著　者：くまゆうこ　小野田正利　鬼澤秀昌

発行者：錦織圭之介

発行所：株式会社　東洋館出版社

編集者：杉森尚貴

　　　　〒 113-0021　東京都文京区本駒込 5 丁目 16 番 7 号
　　　　営業部　電話 03-3823-9206／FAX 03-3823-9208
　　　　編集部　電話 03-3823-9207／FAX 03-3823-9209
　　　　振　替　00180-7-96823
　　　　U R L　http://www.toyokan.co.jp

装丁・本文デザイン：中濱健治

イラスト：関祐子（asterisk-agency）

印刷・製本：藤原印刷株式会社

ISBN：978-4-491-04329-6　　　　　Printed in Japan